“十四五”普通高等教育轨道交通专业系列教材

轨道交通仿真技术

——OpenTrack 软件及应用

于丽杰　张益农◎主编

中国铁道出版社有限公司
CHINA RAILWAY PUBLISHING HOUSE CO., LTD.

内容简介

计算机仿真技术可以针对复杂的轨道交通系统建模、仿真分析，揭示系统内多维随机要素的状态及其相互作用规律，为轨道交通的规划设计和运营管理提供有效的技术支撑和可行方案。

本书共分8章，系统论述了轨道交通仿真软件 OpenTrack 的基本操作方法和轨道交通系统建模仿真理论和方法。全书包括轨道交通运行仿真理论基础、OpenTrack 软件介绍、基础设施建模、列车运行线网数据结构、列车数据管理、车次与列车时刻表、仿真运行与数据输出、应用实例等内容，并通过对实际案例的分析、讲解，使读者可以快速上手，熟悉软件的功能和仿真分析方法。

本书适合作为普通高等院校交通运输（轨道交通）和交通工程（轨道交通）等相关专业的教材，也可供相关科学技术领域的科技人员、教师和研究生学习参考。

图书在版编目(CIP)数据

轨道交通仿真技术：OpenTrack 软件及应用/于丽杰，张益农主编．—北京：中国铁道出版社有限公司，2023．8
“十四五”普通高等教育轨道交通专业系列教材
ISBN 978-7-113-30336-5

Ⅰ．①轨…　Ⅱ．①于…　②张…　Ⅲ．①城市铁路-轨道交通-系统仿真-高等学校-教材　Ⅳ．①U239．5

中国国家版本馆 CIP 数据核字(2023)第 116782 号

书　　名：轨道交通仿真技术——OpenTrack 软件及应用
作　　者：于丽杰　张益农

策　　划：张　彤　　**编辑部电话：**(010)83527746
责任编辑：李中宝　彭立辉
封面设计：刘　颖
责任校对：刘　畅
责任印制：樊启鹏

出版发行：中国铁道出版社有限公司(100054，北京市西城区右安门西街8号)
网　　址：http://www.tdpress.com/51eds/
印　　刷：国铁印务有限公司
版　　次：2023年8月第1版　2023年8月第1次印刷
开　　本：787 mm×1 092 mm　1/16　**印张：**8.75　**字数：**224千
书　　号：ISBN 978-7-113-30336-5
定　　价：39.00元

前言

党的二十大报告提出："建设现代化产业体系。坚持把发展经济的着力点放在实体经济上，推进新型工业化，加快建设制造强国、质量强国、航天强国、交通强国、网络强国、数字中国。"

轨道交通是一个多专业多工种配合工作、围绕安全行车这一中心任务组成的有序联动、时效性极强的系统。因此，借助计算机仿真技术，模拟轨道交通系统及其子系统的运作过程，再现轨道交通系统的时空变化，对轨道交通系统的结构、功能、行为过程和行为特征进行模拟，分析预测轨道交通系统安全运营的影响因素，可以为轨道交通规划、设计、建设、运营和维护的全生命周期提供有效的技术支撑和可行方案。

OpenTrack 软件是瑞士联邦研究院开发设计的专注于轨道交通领域解决网络化轨道运营的专业仿真软件，可以对铁路基础设施、时刻表进行仿真、优化和管理，适用于各种规模铁路网络的需求分析、规划设计和优化，既可以微观模拟某一列车对某一股道的占用情况，也可以用于路网能力分析，真实地呈现铁路网全系统运行情况，实现列车运行过程自动仿真，是轨道交通专业运营管理人员优化设备利用及提高系统效率的有效工具。

本书全面系统地论述了轨道交通系统建模仿真理论和方法，以及 OpenTrack 软件的操作方法，内容包括：轨道交通运行仿真理论基础、OpenTrack 软件介绍、基础设施建模、列车运行线网数据结构、列车数据管理、车次与列车时刻表、仿真运行与数据输出、应用实例等，使读者可以快速上手，熟悉软件的功能和仿真方法。

本书是在我国轨道交通大发展的需求背景下编写而成的，基于轨道交通规划设计与运营管理的实际需求，具有较好的实践指导作用。本书内容翔实，结构清晰，力求做到理论与实践紧密结合，适合作为普通高等院校交通运输（轨道交通）和交通工程（轨道交通）等相关专业的教材，也可供相关科学技术领域的科技人员、教师和研究生学习参考。

本书在编写和出版过程中，得到北京星竹科技发展有限公司、北京联合大学城市轨道交通与物流学院的大力支持，并得到北京联合大学教材出版资金的支持，在此谨向有关单位和老师致以衷心感谢。

本书编写过程中参考了大量书籍、期刊和论文资料，谨向被引用的书刊和资料的作者致以诚挚谢意。

虽然在研究过程中，我们付出了大量心血，但由于水平所限，疏漏与不妥之处在所难免，欢迎专家与读者批评指正，也期待在轨道交通仿真领域能与更多的研究者进行交流和探讨。

编　者

2023年4月

目录

第 1 章 轨道交通运行仿真理论基础

学习目标

- 了解计算机仿真技术的概念和交通系统仿真技术在交通规划与设计、交通评价与决策、交通控制与管理、交通方案优化等方面的应用前景。
- 了解轨道交通中计算机仿真技术的发展现状。
- 了解连续系统仿真的概念和特点。
- 了解离散系统仿真的概念和特点。

本章介绍了计算机仿真技术的基本概念、在轨道交通中的应用现状,以及连续系统仿真和离散系统仿真的原理。

1.1 计算机仿真技术

计算机仿真技术是利用计算机和信息技术的成果建立被仿真系统的模型,并在某些实验条件下对模型进行动态实验的一门综合性技术。由于计算机仿真是基于模型对真实系统行为变化进行数字模拟实验,既能达到对该系统在某些给定条件下的动态行为进行了解和分析的目的,又具有成本低、无风险、效率高、信息采集方便、可以多次重复等优点,已经成为复杂大系统分析、研制、测试和技能训练的重要工具,已广泛应用于国防、制造、能源、交通等重要领域。

计算机仿真是一种描述性技术,是一种定量分析方法,通过建立某一过程或某一系统的模型描述该过程或该系统,用一系列有目的、有条件的计算机仿真实验刻画出系统的特征,从而得出所需要的结果。计算机仿真集成了计算机、数据库、网络、多媒体、信息处理、人工智能等多个领域的知识和理论,以计算机及其相应的软件为工具,通过虚拟实验的方法来分析和解决问题。快速发展的计算机软硬件技术带动了仿真技术的快速发展,用于各行业的仿真软件不断发展和成熟,成为各行业系统设计人员的有力工具,在众多领域问题研究中发挥着重要作用,广泛应用于国防、工业及其他人类生产生活的各个方面,如航空、航天、兵器、国防电子、船舶、电力、石化等行业,特别是应用于现代高科技装备的论证、研制、生产、使用和维护过程中。

交通仿真(Traffic Simulation)是利用计算机仿真技术,在计算机平台上复现现实的交通运行状况,或者虚拟出未来的交通运行状况,是反映复杂交通现象的交通分析技术和方法,是计算机仿真技术在交通工程领域的一个重要应用。交通是一个涉及人-车-路-环境相互作用的复杂系统,交通系统中既有确定性的因素,也有随机性的影响因素,同时还有人的行为影响因素,交通是否安全,要充分考虑上述四个因素的相互作用和影响。与传统的交通分析技术相比,利用交通仿真技术可以再现交通流时空变化,对交通系统的结构、功能、行为以及参与者——人的思维过程和行为特征进行模拟,分析交通系统在各种设置条件下的可能行为,分析预测交通堵塞的地段和原因,对交通规划、交通工程和交通管理的方案进行比较和评价，以寻求现实交通问题的最优解。因此，交通系统仿真技术在交通规划与设计、交通评价与决策、交通控制与管理、交通方案优化与比选等方面有着十分广阔的应用前景。

1.2 计算机仿真技术在轨道交通中的应用

近年来，我国以高铁、地铁为代表的轨道交通行业飞速发展，轨道交通基础建设投资巨大、系统复杂、运营安全要求高等特性决定了无法将所有的实验在实验机或者实际线路上完成，采用计算机仿真技术可以模拟轨道交通列车运行过程的各种工况，揭示轨道系统内多维随机要素的状态及其相互作用规律。在轨道交通的规划设计阶段，可以通过对规划设计线路的运行过程仿真，指导线路的选线设计和平纵断面设计，同时也为合理安排牵引供电系统的布局和容量提供数据依据和参考。而在运营管理阶段，通过轨道交通列车运行过程的仿真，分析影响列车运行的主要因素，依此调整列车的运行速度和运行方案，有助于提高列车控制水平，节约能耗，提高列车运行准点率，减少停站误差以及增加旅客舒适度。

从 20 世纪 60 年代开始，计算机仿真技术就应用于轨道交通行业。美国铁路开发了 TPC（Train Performance Calculator）计算包，这是一个通用列车牵引计算的通用计算器，可以根据线路的平纵断面和列车性能，计算列车的运行时分，评价列车的牵引性能，评价各种因素变化后产生的效果。80 年代中期以后，随着计算机技术、仿真技术的快速发展，以及世界各国铁路运输业的复兴，计算机仿真技术在轨道交通中得到了广泛应用。英国、意大利、美国、西班牙、日本等国家在既有线路的改造、扩建工程的方案评价、新线建设及运营过程中列车运行控制策略的制定、列车时刻表的可行性验证等方面大量地利用仿真技术辅助决策，并且经过多年研究与开发，形成了功能完善的轨道交通仿真专业软件，将列车牵引计算、分析、评价集成为一体。目前比较成熟的软件有 SYSTRA 公司的 RailSim 与 TPC 系统、Camegie-Mellon 大学轨道研究中心开发的 TOM（the Train Operations Model）软件、汉诺威大学和德国铁路管理咨询公司共同研发的 RailSys 系统、ORTHSTAR 公司的 TrainStar 系统、日本的 UTRAS（Universal Train Simulator）系统，瑞士联邦研究院开发的 OpenTrack 软件等。

现在铁路仿真软件系统的研究已经比较成熟，其中既有微观的动力学仿真，又有宏观的辅助轨道交通网规划设计和既有铁路运营质量的评估，还有经济学上的成本效益分析甚至环境影响评估的功能。

我国在轨道交通系统仿真方面的代表性成果是 1997 年北京交通大学与香港理工大学合作开发的通用列车运行模拟系统 GTMSS（General-purposed Train Movement Simulation System）。系统将机车、车辆和线路数据建立数据库，并设计节时、定时、节能算法库，建立牵引计算、操纵经验的知识库，通过迭代运算，模拟实际列车运行过程，在我国轨道交通领域已经广泛应用。

随着计算机技术的不断发展，轨道交通领域的计算机仿真技术亦不断发展和完善，仿真界面更加友好，人机交互更加方便。同时，计算机图形技术的应用使得仿真过程更加透明和直观。目前，针对轨道交通系统的计算机仿真技术发展，主要集中在以下两个方向：

1. 面向设计、计划和运营的全周期应用

目前，轨道交通运行仿真软件呈现出全周期、跨领域和通用化的发展趋势，在轨道交通的规划设计阶段，可以通过对规划设计线路的运行过程仿真指导线路和车站设计，并对方案的合理性进行评价,同时也为合理安排牵引供电系统的布局和容量提供理论依据和参考。

2. 研究领域的交叉与拓展

轨道交通是涉及多个专业领域的庞大而复杂的系统,涉及电力系统、自动控制、信号、机械、动力学等多个学科领域。目前,国内外主流的仿真软件一般都是以列车牵引计算理论为基础,围绕列车运行仿真分析,进一步整合了供电仿真模块,用以对列车牵引供电情况以及能耗进行分析,例如 TOM 系统中的 ENS 模块,Railsim 系统中的 Load Flow Analyzer 模块以及 OpenTrack 系统中的 OpenPower-Net 插件。

随着轨道交通制式的不断丰富,有轨电车、独轨、磁悬浮等轨道交通系统得到越来越多的应用,与传统轮轨式系统相比,驱动和制动方式不同,轮轨式列车牵引计算方法不再适用,需要对其走行过程、信号系统和制动控制重新进行建模。目前,RailSys 系统可以对有轨电车和索道的运行过程仿真分析,未来研究领域会进一步拓展。

与此同时,随着综合交通运输系统越来越受到重视,轨道交通仿真需要融入综合交通运输系统仿真中考虑,分析交通枢纽站的联运协同、地面公交与轨道交通协同等新的应用。

1.3　连续系统仿真

系统模型按特性分为两大类:连续系统和离散系统。连续系统是指系统状态随时间连续变化的系统。离散系统是指系统状态在某些随机时间点上发生离散变化的系统。离散系统与连续系统的主要区别在于状态变化发生在随机时间点上,引起状态变化的行为通常称为"事件",因此这类系统由事件驱动。

轨道交通系统中,列车的运动属于连续系统仿真,以牵引计算理论为基础,分析列车运动过程受到的牵引力和各种阻力,利用经典的力学和运动学理论建立列车的运动微分方程,选取合适的计算算法对运动方程进行求解,得到列车的运行里程和速度;同时考虑各种工况下列车运行的控制策略,建立其运行控制算法。

在构造列车牵引计算的力学模型过程中,可以采用单质点模型和多质点模型两种处理方法。单质点模型把整个列车看作一个质点,把作用于列车上不同位置的力看作作用于一个质点上,只对一个质点进行分析计算,计算方法简单。

多质点模型将列车视为多个质点构成的质点列,对每个质点单独进行分析,需要考虑列车内部的相互作用力,模型复杂,计算量大,因此多质点模型的实现比较困难。

两种模型在常坡段(坡度不变)的计算结果差异不大,但是在变坡点的前后部分路段和曲线段,多质点模型的处理更加符合实际情况。

1.4　离散系统仿真

离散系统的状态只在离散时间点上发生变化,而且这些离散的时间点一般是随机的,不能利用数学公式表达系统模型,例如轨道交通系统中的信号系统,轨道交通沿线信号设备离散布置计算、信号状态显示等都无法应用数学公式表达。离散系统的模型通常用流程图或网络图来描述。

离散仿真模型建立的步骤:①通过定义系统的参变量集合来构造系统映像;②定义事件的类型和发生的时间点;③定义每一事件状态发生变化的时间点;④描述系统中所有实体的活动;⑤构

造状态转移函数或算法；⑥通过系统流程图描述整个过程。对于离散系统的仿真策略通常有时间调度法、活动扫描法和进程交互法三种。

仿真运行过程既包括连续系统仿真过程，也包括离散系统仿真过程，通常使用组合仿真模型对其进行描述，也称为混合系统仿真分析。

习题

1. 请叙述计算机仿真技术的概念。
2. 何谓连续系统？何谓离散系统？
3. 请列举几种常用的轨道交通仿真软件。

第 2 章　OpenTrack 软件介绍

学习目标

- 了解 OpenTrack 软件的基本功能。
- 了解 OpenTrack 软件的安装环境。
- 掌握 OpenTrack 软件的安装过程。

本章介绍 OpenTrack 软件的基本功能、工作流程、安装环境需求和安装过程。

2.1　OpenTrack 软件功能

OpenTrack 软件是瑞士联邦研究院开发设计的专注于轨道交通领域解决网络化轨道运营的专业仿真软件,采用面向对象的思想开发,用户界面友好。该软件自 1995 年开始开发,2000 年推出 1.0 版,之后根据用户反馈意见逐步更新完善,现已推出 1.10 版本(本书所用软件为 1.9 版本)。

OpenTrack 软件可以对铁路基础设施、时刻表进行仿真、优化和管理,适用于各种规模铁路网络的需求分析、规划设计和优化,既可以微观模拟单个列车对某一股道的占用情况,也可以用于路网能力分析,真实地呈现铁路网全系统运行状况,实现列车运行过程自动仿真。常用功能如下:

(1)仿真列车运行调度方式。

(2)仿真分析车站、线路的运能(分析车站接发车能力,从而确定车站设置到发线数量是否满足要求,辅助确定车站方案设计)。

(3)仿真分析大型站场咽喉区道岔布置(分析咽喉区道岔使用频率,从而确定道岔排列的合理性)。

(4)列车运行计划合理性分析及优化(分析过程中可输出预定运行计划与实际运行情况的对照图)。

(5)仿真信号机工作状况。

(6)系统故障和延迟模拟分析等,仿真非正常情况行车组织(如突发事件、晚点、事故等)。

(7)信号系统的对比与分析(如对信号机设置间距、位置及所选用的信号系统进行比较分析)。

(8)仿真列车运行过程中外部因素影响的敏感性分析(如额外增加停站时间)。

(9)仿真人工干预场景(例如,通过将控制方案作为仿真输入来反映运营中的人工干预情形)。

(10)车辆特征曲线分析(对将投入使用的车辆性能进行仿真分析)。

(11)仿真轨道占用情况,辅助制订合理利用轨道的计划。

(12)仿真列车解编或联编(列车解编或多列车联编)。

此外,结合 OpenPowerNet 软件模块,能够对网络化轨道上运行的列车群开展全网络电气化动态仿真,能够支持网络化轨道交通的电气化建模与求解,获得列车供电和电流曲线、列车受电弓电压、电气设备的供电和电流特性、接触线电压特性、短路电流等级、接触电压评估的轨对地电位、接触网系统的电流分配、沿线电磁磁场以及列车和馈电段的电力和能耗(此部分需要 OpenPowerNet 插件支持)。

2.2 OpenTrack 软件工作流程

在 OpenTrack 软件中输入列车车辆信息、车站路网信息及列车时刻表信息,经过仿真运算输出多种计算结果,如图 2-1 所示。

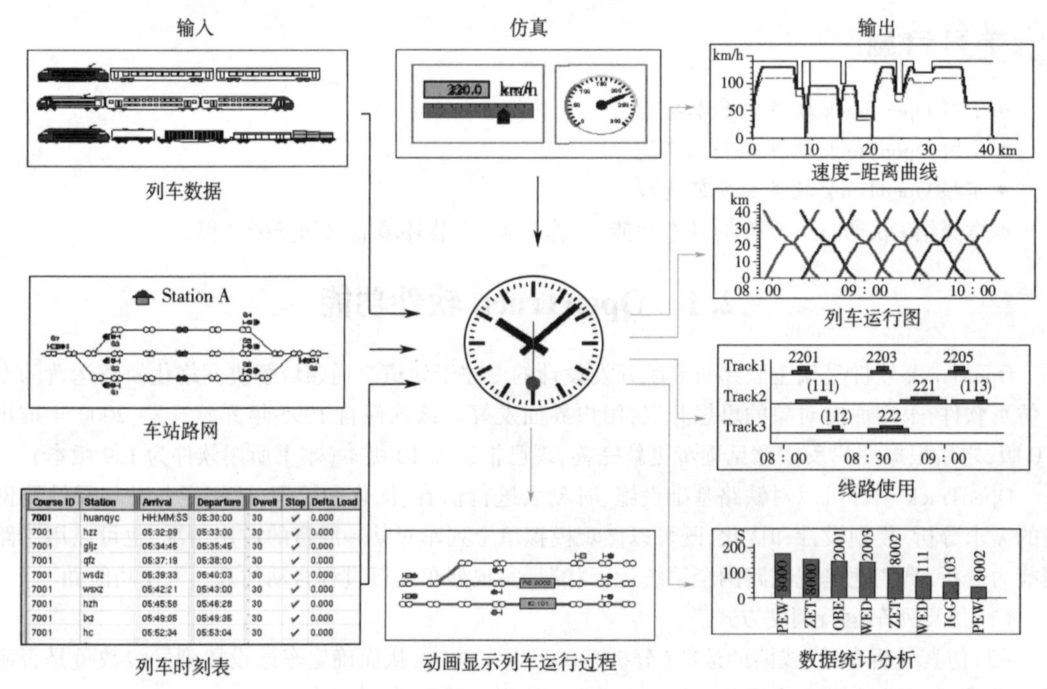

Course ID	Station	Arrival	Departure	Dwell	Stop	Delta Load
7001	huanqyc	HH:MM:SS	05:30:00	30	✓	0.000
7001	hzz	05:32:09	05:33:00	30	✓	0.000
7001	gljz	05:34:45	05:35:45	30	✓	0.000
7001	qfz	05:37:19	05:38:00	30	✓	0.000
7001	wsdz	05:39:33	05:40:03	30	✓	0.000
7001	wsxz	05:42:21	05:43:00	30	✓	0.000
7001	hzh	05:45:58	05:46:28	30	✓	0.000
7001	lxz	05:49:05	05:49:35	30	✓	0.000
7001	hc	05:52:34	05:53:04	30	✓	0.000

图 2-1 OpenTrack 软件工作流程

轨道交通的车辆由机车和拖车编组形成列车(Train)。机车数据存储在扩展名为 depot 的数据库中。机车数据库描述了各种类型机车的技术规范,例如,牵引力/速度曲线、重量、长度和黏着系数值。用户可以应用 OpenTrack 自定义的机车,也可以将特定的机车数据输入数据库,建立新类型的机车。

由于仿真需要的数据是完整列车的长度和载荷,OpenTrack 软件中没有专门定义拖车,而是通过从机车数据库中选择一个或多个机车,并将它们与长度和重量数据相结合来建立列车模型,用于模拟列车。OpenTrack 在列车数据库中管理列车数据。

OpenTrack 软件用图形化的界面抽象元素表示车站、铁路线网基础设施及布局,用户可以直接编辑铁路网的拓扑形式,界面中的每个图元含有不同属性,例如,轨道包含线路的长度、坡度、不同车辆的最大运行速度等参数,用户可以生成并管理轨道、顶点、信号、岔路、车站等图元,并将列车运行的动态过程显示出来,方便工作人员通过站场示意图仿真轨道占用情况,制订合理的轨道利用计划。

时刻表数据由列车运行信息组成。这些信息包括期望到达和离开时间、连接信息、最小停止时间和停止信息。OpenTrack 软件利用时刻表数据库管理时间表数据。

OpenTrack 软件在给定的基础设施条件下,让列车依据自身动力性能,按给定的时刻表运行仿真,采用连续-离散混合求解算法,获取列车的运动加速度、速度、位移等信息,采用离散求解,获得信号机状态、轨道区段占用信息。仿真计算可以根据用户需求应用多种仿真形式(动画或后台、时间步长),输出多种数据形式(文本、数据表及图像)。

2.3　OpenTrack 软件安装和注册

OpenTrack 软件支持多种语言,可以安装在常见的 Windows 系统和 Mac OS 系统下。

2.3.1　软件安装要求

OpenTrack 软件可以安装在 Windows(7/8/10/11)(32 位或 64 位)等操作系统中,也可安装于苹果 Mac OS 系统。安装条件要求如下:

(1)计算机内存 4 GB 或更高。

(2)硬盘空间 2 GB 或更高。

(3)显示器分辨率支持 1 280×1 024 像素。

(4)支持 TCP/IP 协议,并连接 Internet。

2.3.2　安装准备

OpenTrack 在软件安装前,需要进行系统参数设置,主要是 Windows 系统的环境变量设置。不同版本的 Windows 系统平台设置过程如下:

在 Windows 7/8/10/11 中,选择控制面板→系统→高级系统设置→环境变量(设置为 Path)。图 2-2 所示为环境变量 Path 的编辑窗口,复制下列变量内容,添加到 Path 变量中。

C: \ NEXT \ NEXTDEVELOPER \ EXECUTABLES \ UTILITIES; C: \ NEXT \ NEXTLIBRARY \ EXECUTABLES;C: \Program Files\Common Files\Autodesk Shared\

图 2-2　编辑系统变量

2.3.3　OpenTrack 软件安装过程

OpenTrack 软件包内包含三部分:OPENSTEP、Shareware 和 OpenTrack,OPENSTEP 分为 32 位和 64 位两个版本,分别对应于不同版本的操作系统。Shareware 是第三方插件,可以根据需要安装,OpenTrack 最后安装。安装步骤如下:

(1)根据操作系统的版本,选择 OPENSTEP 安装文件,如图 2-3 所示,安装完成后需要重启计算机。

(2)安装完成 OPENSTEP,重新启动计算机后即可进行 OpenTrack 软件安装,从 OpenTrack 软

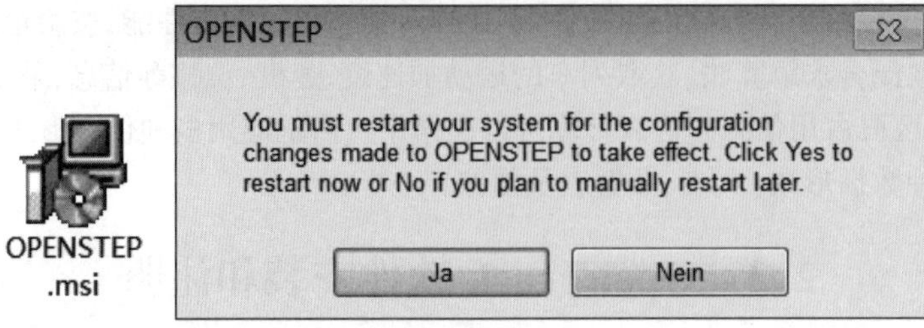

图 2-3　安装 OPENSTEP

件文件夹中双击 setup. exe，进入安装过程。首先选择安装目录（见图 2-4），然后单击“下一步”按钮选择安装类型（见图 2-5），接下来设置安装文件夹名称，如图 2-6 所示；进入软件安装过程，安装完成后即可启动运行软件，如图 2-7 所示。

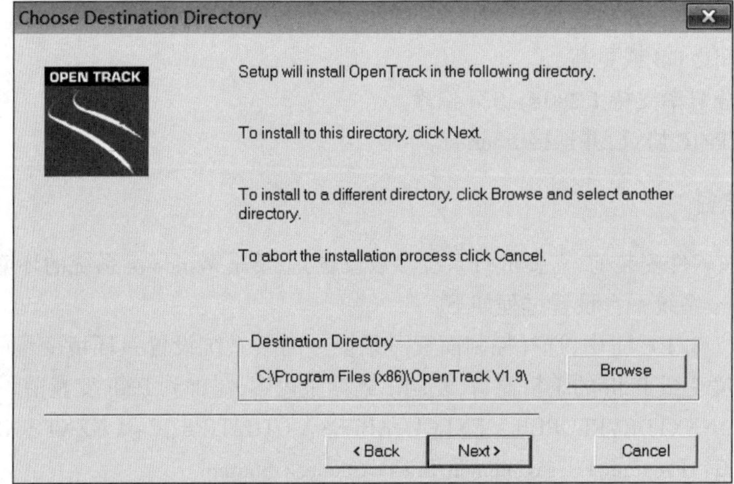

图 2-4　选择 OpenTrack 安装目录

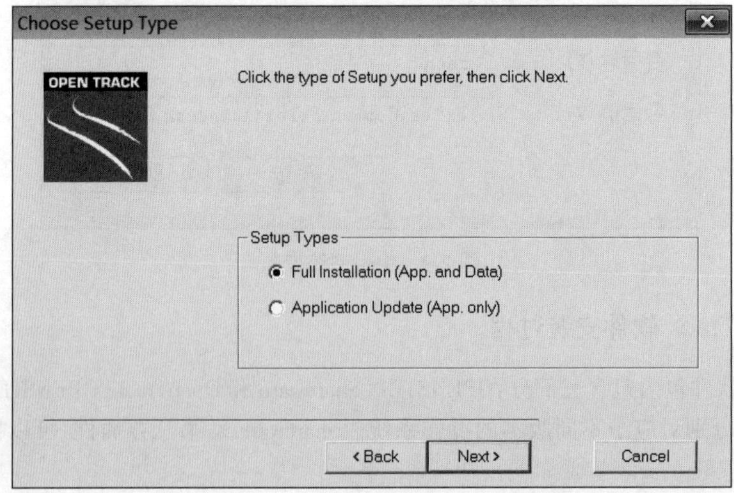

图 2-5　OpenTrack 安装类型选择

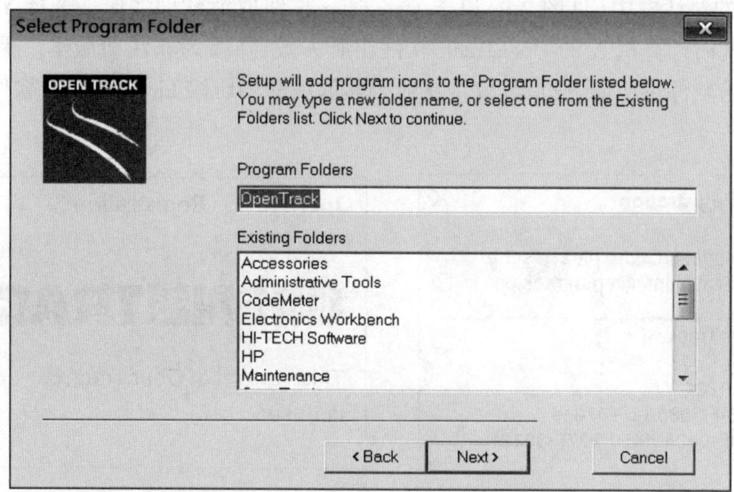

图 2-6　设置 OpenTrack 安装文件夹名称

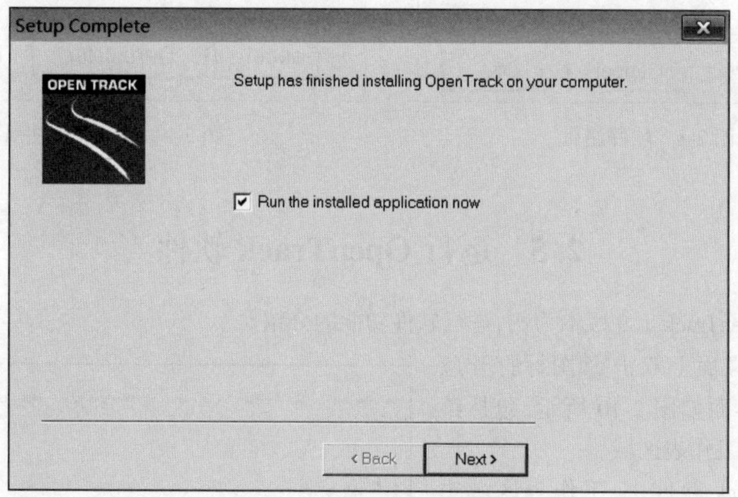

图 2-7　OpenTrack 安装完成

2.3.4　OpenTrack 软件注册

OpenTrack 软件安装完成后必须通过注册码在线注册后才能使用，在 OpenTrack 软件的菜单栏中选择 Info→Registration 命令，打开软件注册窗口，如图 2-8 所示。在其中输入 License 码，连接互联网进行注册。

2.4　License 转移安装

OpenTrack 软件支持 License 的转移安装（即把 OpenTrack 软件从计算机 A 转移到计算机 B）。OpenTrack 的 License 转移操作步骤如下：

（1）打开计算机 A 的 OpenTrack 软件，在菜单栏中选择 Info→Registration 命令。

(2)在打开的对话框中(见图 2-9)单击 Deregister 按钮取消软件注册。选择 Yes,就会产生一个取消注册码,此时计算机 A 的 OpenTrack 软件注册失效,降级为非注册版本。保存该取消注册码,并将其提供给软件供应商,凭借其取消注册码索取新的注册码 License,用于软件在新的计算机上安装注册。

图 2-8 软件注册

图 2-9 取消软件注册

2.5 运行 OpenTrack 软件

本书以 OpenTrack 1.9 版本为例,进行软件功能的介绍。

在计算机桌面上双击图标打开应用程序,基本界面如图 2-10 所示,包括菜单栏、工具栏和工作表区域。

在 OpenTrack 软件中,工作表区域主要用于编辑轨道网络布局,包括线路、信号和车站等,同时支持把文字、图片、图标等附加信息加入基础设施布局中,帮助用户更好地可视化布局轨道线网结构,具有形象、直观的效果。图 2-11 所示为一个典型的工作表区域内的轨道网络布局,轨道基础设施布局信息保存在扩展名为 . opentrack 的文件中。

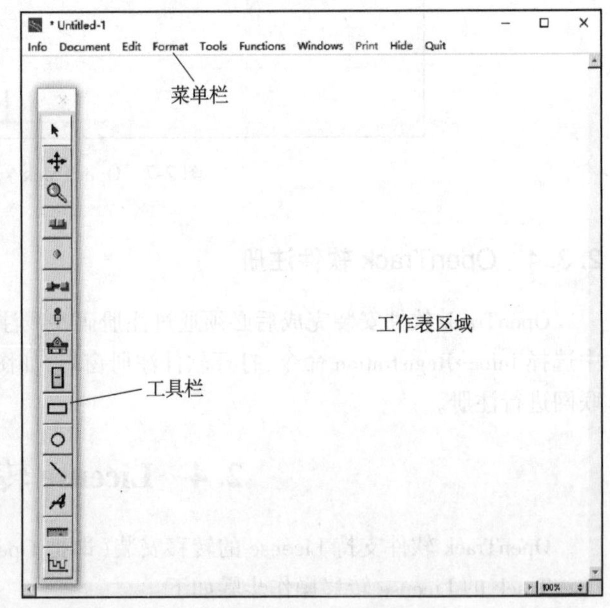

图 2-10 OpenTrack 软件界面

OpenTrack 软件通过图形化方式创建轨道区段、信号机、车站区域,并设置属性参数。列车在数据层定义的约束条件下进行仿真运行,可以在线输出列车运行、轨道占用、信号显示的二维动画,离线输出单列车的速度-距离曲线图、车站的轨道占用情况和线路的列车运行实迹图等。

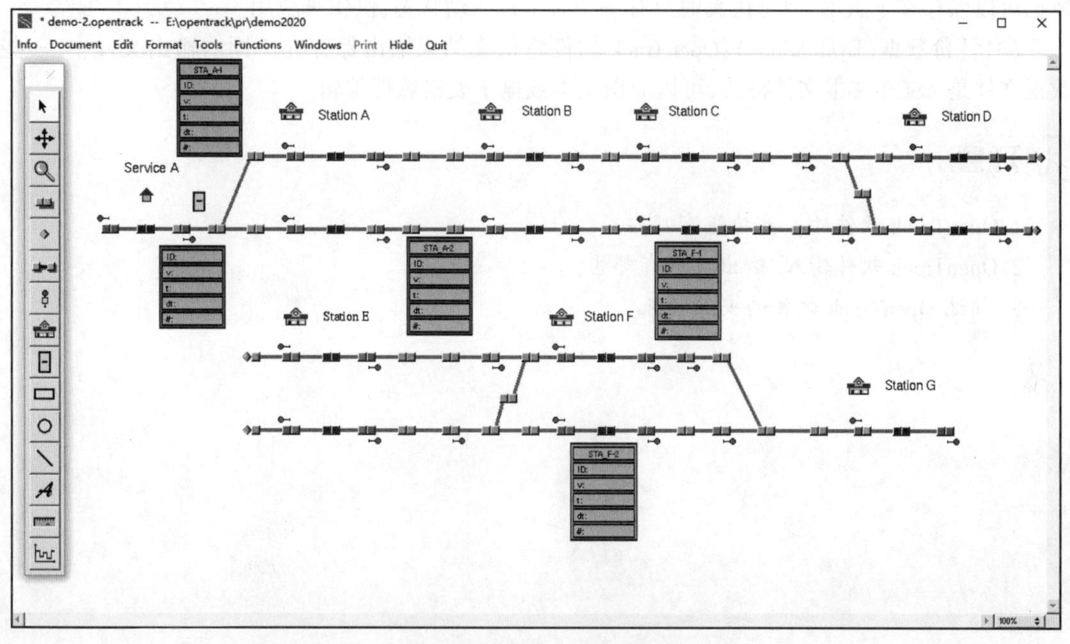

图 2-11　工作表区域内的轨道网络布局

2.6　OpenTrack 软件的数据管理

OpenTrack 软件采用三种文件类型管理输入/输出数据,即文档、数据库和输出评价数据,这些文件之间的关系如图 2-12 所示。

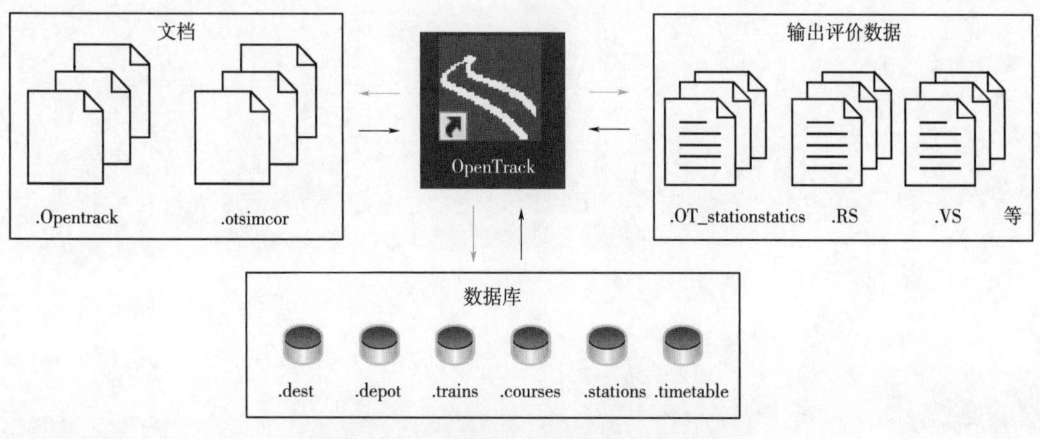

图 2-12　OpenTrack 软件输入/输出数据管理

(1)文档(Documents):OpenTrack 软件使用文档文件存储线网基础设施信息和列车性能的图形化数据,用户可以使用图形编辑方式编辑这些文件,仿真时对使用的文档数量没有限制。

(2)数据库(Database):OpenTrack 软件使用六个不同的数据库分别存储机车车辆、车站、列车时刻表等信息,包括机车数据、列车数据、线路数据、时刻表数据、车站数据、运营线路数据。这些数据可以保存多个版本,但是仿真时只有一个版本是活动状态,供仿真应用。

(3)评价数据(Evaluations):OpenTrack 软件将仿真结果输出保存在不同的输出文件中,一些数据文件是 ASCII 文本文件格式,可以应用文本或电子表格软件编辑。

习题

1. OpenTrack 软件的主要功能有哪些?
2. OpenTrack 软件输入/输出数据有哪些?
3. 简述 OpenTrack 软件的安装步骤。

第 3 章　基础设施建模

学习目标

- 了解轨道交通基础设施的建模流程和基础数据。
- 了解 OpenTrack 软件的数据管理方法。
- 了解 OpenTrack 软件用户参数设置方法。
- 掌握轨道交通线路建模方法。
- 掌握轨道交通车站建模方法。
- 掌握轨道交通信号系统建模方法。

计算机仿真时需要首先建立描述系统结构或行为过程的仿真模型,进而进行试验或定量分析,从而获得系统各要素性质及其相互关系,评价系统行为功能和性能。

轨道交通基础设施包括线路、车站和信号设备等,是轨道交通仿真的基础,首先需要将路网基础设施转化为 OpenTrack 软件识别和描述的数据模型。本章论述如何应用 OpenTrack 软件进行轨道线路基础设施建模,以及仿真软件中需要的各种图形工具的用法。

3.1　基础设施建模流程

轨道交通仿真过程分为数据收集、模型构建、模拟仿真、数据分析四个步骤。在仿真模型构建之前,首先要收集轨道交通系统基础设施及其属性数据,包括轨道线网数据、列车数据、列车运行环境数据、列车运行计划数据四方面的基础数据。轨道线网数据包括轨道和车站数据,轨道数据包括轨道长度、曲线、坡度、限速等轨道条件,车站数据包括车站性质、车站区域范围等。列车数据包括车辆类型、长度、重量、阻力、机车类型和牵引特性等。列车运行环境指的是信号控制方式,包括

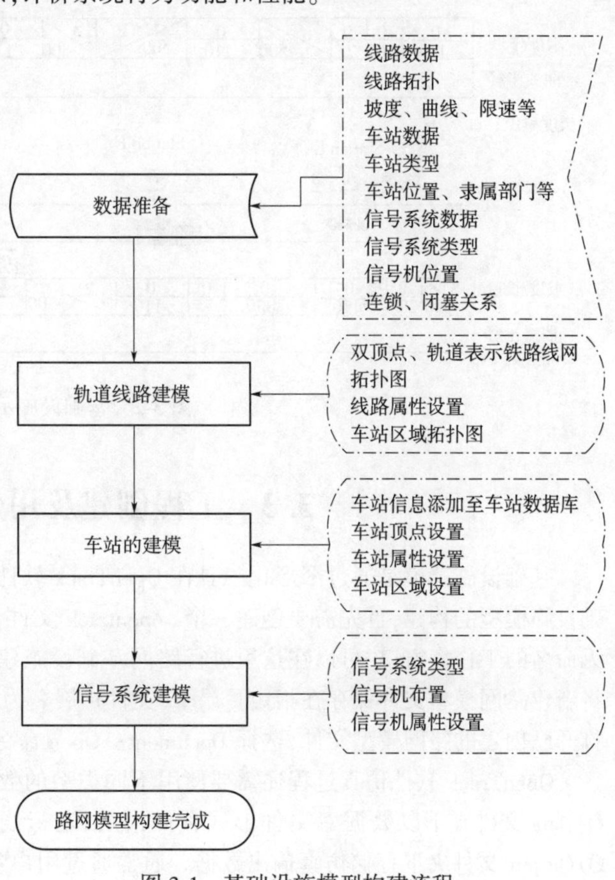

图 3-1　基础设施模型构建流程

信号机位置及类型、闭塞方式、停车点等。列车运行计划指的是为了满足运营需求而预先设置的列车时刻表,列车运行的偏好路径、必须停靠站的定义。

基础设施模型构建主要完成路网模型构建,包括建立铁路线网结构、车站和信号系统,建模主要工作流程如图 3-1 所示。

3.2 基础设施仿真实践案例

本节以一个城市轨道中的一部分作为仿真实践案例,包括八个运行车站,其中两个服务辅助车站为作业站(无乘客上下换乘),六个中间站为乘客上下车站。轨道线路结构为双线双向运行,中间设置了道岔,车站全部是岛式站台,在车站设置了进、出站信号机,道岔位置设置信号机。图 3-2 所示为基础设施示意图,包括轨道拓扑结构与平纵断面参数(包括轨道长度、坡度与曲线半径)、限速区域和参数、信号部署位置。从车站 A 到车站 F 为双线运行,全线含有四个道岔。其中深色区轨道对列车限速为 25 km/h,其他轨道支持最高车速为 80 km/h。在中间站设置进、出站信号机,在道岔位置设置防护信号机。

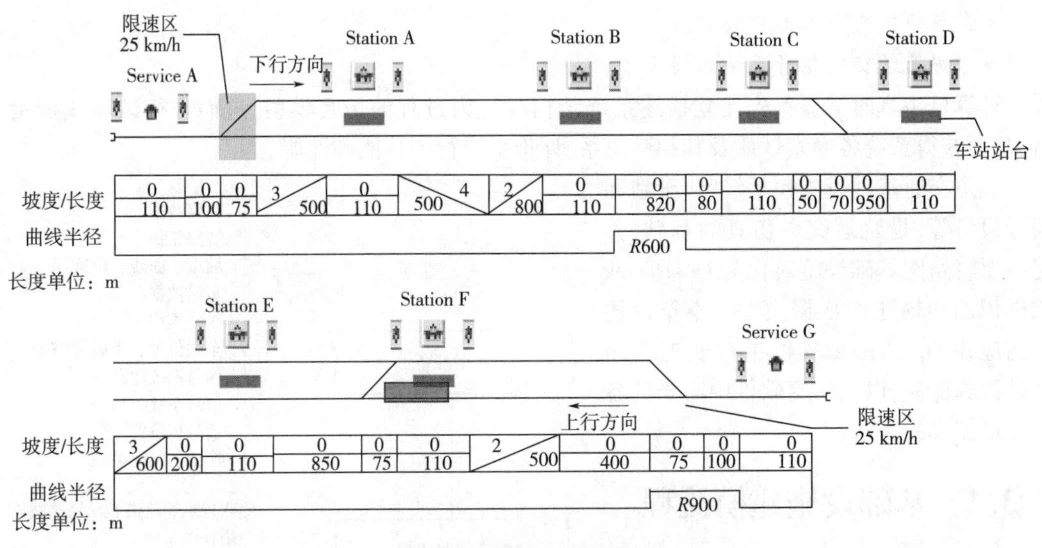

图 3-2　基础设施示意图

3.3 工程创建及用户参数设置

基础设施建模是通过图形化工具在 OpenTrack 软件的工作表区域内完成,为完成一个路网基础设施模型的构建,首先需要创建一个 . opentrack 文件,选择 Document→New 命令,打开一个新的无命名的工作表窗口,可以在这里进行路网基础设施建模。选择 Document→Save 或 Save as 命令将新建路网模型文件保存在指定目录下,文件扩展名为 . opentrack。再次启动软件时,用户可直接打开已创建的路网模型文件,选择 Document→Open 命令打开已有的路网模型文件。

OpenTrack 软件仿真过程还需要使用不同类型的数据,例如列车、时刻表等,这些数据通常在 OTData 文件夹下以数据库文件形式存储,包括运行线路、机车、列车、车次、车站、时刻表数据,OTOutput 文件夹下存储仿真输出数据。通常通过用户参数设置,保证仿真数据完整和方便区分,选择 Info→Preferences 命令打开参数设置对话框进行设置，如图 3-3 所示。

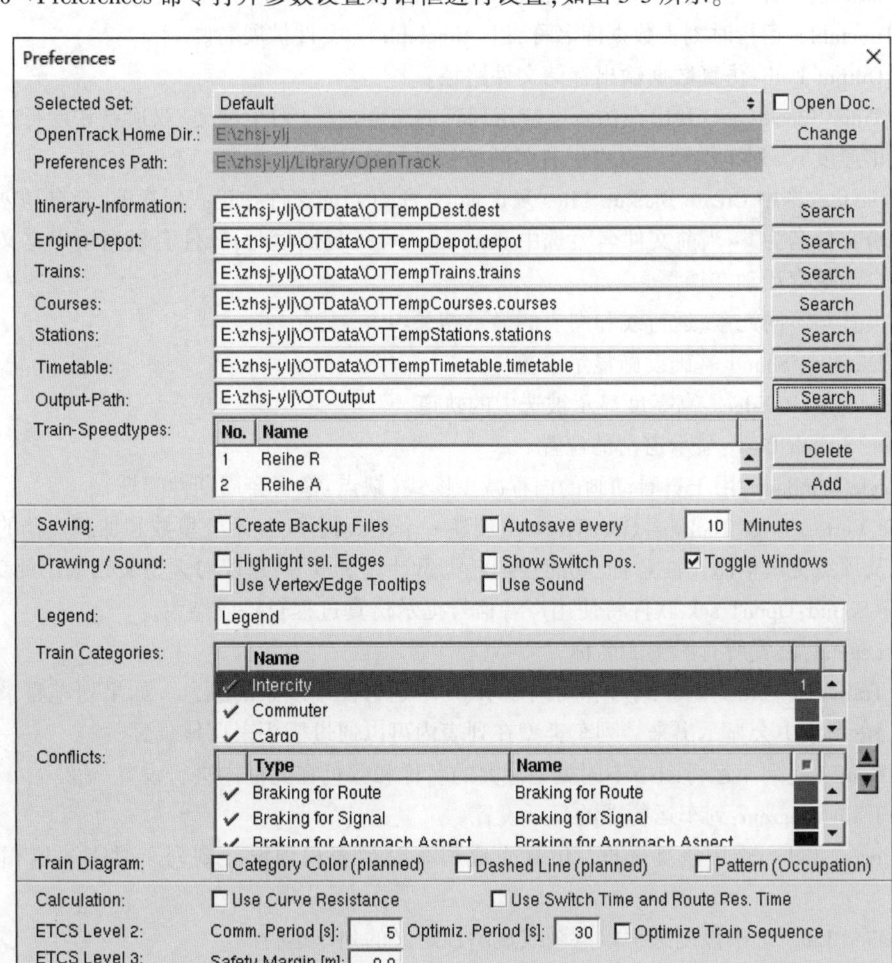

图 3-3　参数设置对话框

参数设置详细说明如下：

（1）Selected Set：活动的 OpenTrack 项目集合，用于选择某个项目。

Open Doc.：选中该复选框可以打开文档。

（2）OpenTrack Home Dir.：OpenTrack 主目录，可以用来设置存储 OpenTrack 项目和数据的目录，单击后面的 Chang 按钮可以更改主目录信息。

（3）Preferences Path：保存用户参数的文件路径，一般是在 OpenTrack 的主目录基础上加“\Library\OpenTrack”构成。

（4）Itinerary-Information：运行路线数据库名称，以 . dest 为文件扩展名。

（5）Engine-Depot：机车数据库名称，以 . depat 为文件扩展名。

（6）Trains：列车数据库名称，以 . trains 为文件扩展名。

（7）Courses：运行线数据库名称，以 . courses 为文件扩展名。

(8)Stations:车站数据库名称,以 . stations 为文件扩展名。

(9)Timetable:运行时刻表数据库名称,以 . timetable 为文件扩展名。

(10)Output-Path:仿真数据输出存储文件路径。

(11)Train-Speedtypes:列出在仿真中应用列车的速度类型(列车种类、双顶点和运行方向都可以定义列车速度)。列车类型可以应用右侧的按钮添加或删除。

(12)Saving:选中 Create Backup Files 复选框时,所有当前文件在正式保存前,会自动创建备份文件。备份文件名为"~当前文件名";选中 Autosave every 复选框时,软件会根据用户定义的时间间隔定期自动保存活动文档。

下面设置与不同元素、运行线和图表的显示相关:

(13)Drawing/Sound 基础设施显示设置。

• Highlight sel. Edges:高亮度显示被选中的轨道。

• Show Switch Pos. :显示道岔的位置。

• Toggle Windows:用于查看动画的内存减少模式(缺点:像素会周期性闪烁)。

• Use Vertex/Edge Tooltips:OpenTrack 将创建一个工具提示,显示公里数和加载文档的所有顶点的名称及顶点更改信息。注意:此功能会消耗大量计算机资源,建议对大型文档禁用此功能。

• Use Sound:OpenTrack 软件将使用声音信号提示仿真过程暂停或结束。

(14)Legend:设置所有图例的名称。

(15)Train Categories:列车编号和动画显示、列车运行图中线条的颜色。如果列车目录中的首列被选中,在图例中会显示出来。列车类型在列表内可以通过箭头来调整位置。

(16)Conflicts:列车运行图中不同类型冲突的名称和颜色在此框内进行设置。

(17)Train Diagram:列车运行图的显示设置。

• Category Color:选中该复选框, 仿真生成列车时刻表和预设计划列车时刻表以相同颜色显示。

• Dashed Line:选中该复选框以点画线显示预定义的列车运行图。

• Pattern(Occupation):用灰色阴影或交叉线填充阻塞时区。

(18)Calculation:以下是列车运行计算参数设置。

• Use Curve Resistance:如果选中该复选框,则曲线阻力会被计算,否则采用平均值。

• Use Switch Time and Route Res. Time:如果选中该复选框,则设置的道岔动作和线路占用时间会被计算,否则认为该过程时间为 0。

(19)ETCS Level 2 和 ETCS level 3(ETCS 等级 2 和 ETCS 等级 3):此参数设置仅适用于采用欧洲列车控制系统(ETCS 等级 2 和 ETCS 等级 3 的信号系统)。

• Comm. Period:调度中心和列车间通信间隔时间。

• Optimiz. Period:ETCS Level 2 信号系统下,距离优化的周期持续时间(可选)。

• Optimize Train Sequence:如果该复选框被选中,在优化过程中运行线编号顺序会发生变化。

• Safety Margin:ETCS Level 3 信号系统下,移动闭塞控制下运行的列车之间的最小安全距离。

(20)Export:将所有设置信息导出到文本文件中。

(21)Import:从文本文件导入所有设置信息。

(22)Load Set from Dir. :从用户定义的目录加载一组首选项设置(数据库)。

(23)Delete Set:删除被保存的设置。

(24) Save Set as:保存当前设置。

(25) Cancel:不保存用户修改数据,并关闭当前用户设置窗口。

(26) OK:保存用户修改数据,并关闭当前用户设置窗口。

注意:如果在一个新建目录下存储机车车辆、车站、列车时刻表等信息,则需要先将软件 C:\Program Files(x86)\OpenTrack V1.9\OTData 文件夹下的模板文件复制到新创建的目录下。

3.4　路网拓扑结构建模

路网的拓扑结构是指在路网上由车站与区间组成的关系网络图,OpenTrack 软件中通过双顶点、轨道和车站等图形化元素构建形成轨道线网拓扑结构,并通过属性参数表示线路的里程、平/纵断面等信息。

3.4.1　双顶点的创建与设置

OpenTrack 软件采用双顶点(Vertex)结构表示轨道线路的端点,表明该点处线路属性(如坡度、半径、限速等)发生变化或设置有信号设备。在 OpenTrack 中顶点不会单独出现,总是成对出现的,使用双顶点是为了避免出现不可能的路径。例如,传统的单顶点表示的单开道岔如图 3-4 所示,OpenTrack 中用双顶点表示的单开道岔如图 3-5 所示。

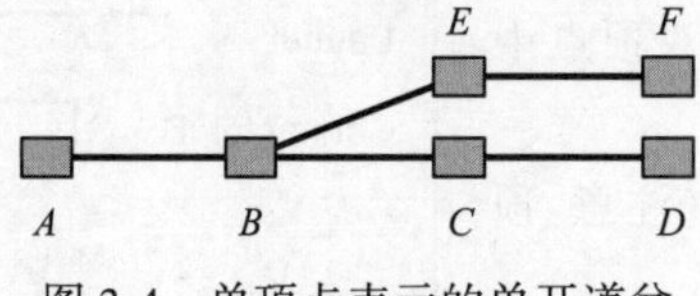

图 3-4　单顶点表示的单开道岔

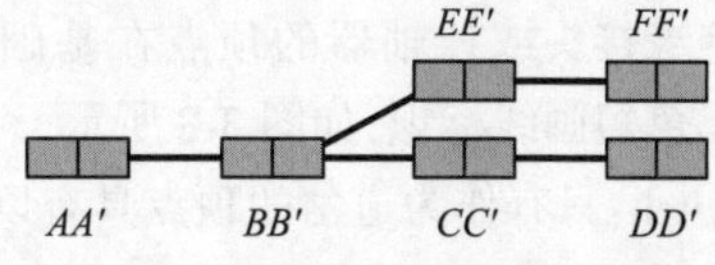

图 3-5　双顶点表示的单开道岔

采用单顶点时,如图 3-4 所示,始于 F 点的进路搜索到 B 点后可以分叉为“去往 A”和“去往 C”两条路径,实际上“去往 C”是不合法的(实际线路中,B 点到 E 和 C 是通过单开道岔实现,具有方向性,从 F 点经 E 点和 B 点不能到达 C 点),如果要实现其合法,需要添加额外的规则控制。使用双顶点技术后如图 3-5 所示。进路需要满足如下规则:

顶点→顶点→轨道→顶点→顶点→轨道→顶点→顶点,所以始于 F 点的进路只能延伸到 A 而不可能延伸到 C,这样就避免了搜索到不可能路径的问题。

同样,双顶点让信号机的放置方法简单,并使信号机只控制一个行进的方向。

1. 创建并设置顶点属性

单击工具箱中的“顶点”按钮后,在工作表区域内单击即可添加一个顶点,可以根据需要连续放置多个顶点。

利用工具箱中的指针工具选择顶点,右击,从弹出的快捷菜单中选择 Inspector 命令(见图 3-6),打开如图 3-7 所示的 Inspector-Vertex 对话框(双击顶点也可打开该顶点的 Inspector-Vertex 对话框,在菜单栏中选择 Tools→Inspector 命令也可以打开 Inspector-Vertex 对话框),可以设置顶点的属性。顶点的属性内容如下:

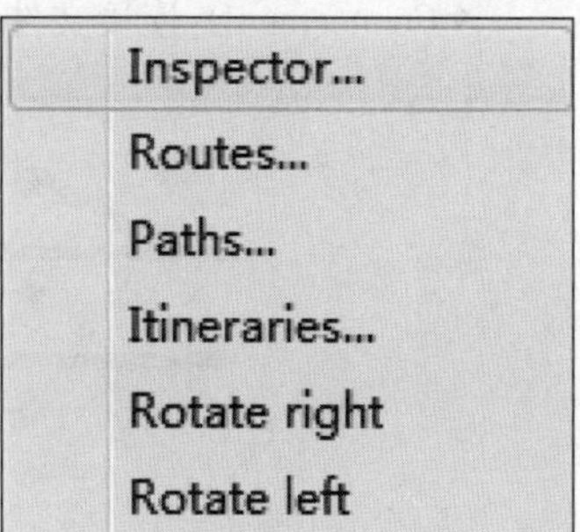

图 3-6　顶点属性的快捷菜单

(1) General:所有顶点共同具有的数据属性。

• Vertex Name：顶点名称，以方便记忆的原则命名顶点名称，该项为可选输入项，如果没有输入，OpenTrack 软件会自动命名，顶点名称将应用于 Route 和 Path 设置中。

• Kilometre Point：公里标，仅用于标注，并不作为里程计算依据。

• Station Sign：若顶点分配到车站区域内，则会显示车站名称缩写（可以参考车站区域定义）。

• Station Vertex：选中该复选框表示该顶点为车站顶点。

• No. of Routes：显示从顶点位置开始的 Routes 数。

• No. of Shuntings/Overlaps：显示从顶点位置开始的 Shuntings/Overlaps 数。

• No. of Paths：显示从顶点位置开始的 Paths 数。

• No. of Itinerarites：显示从顶点位置开始的 Itinerarites 数。

（2）Spec.：特殊属性顶点设置。

• Insulated Joint：选中该复选框表示该顶点位置具有绝缘接头。

• Axle Counter：选中该复选框表示该顶点位置具有计轴器。

带有绝缘接头或计轴器的顶点在基础设施图上的双顶点中间的具有黑色短画线标识，如图 3-8 所示。

（3）Switch：只有作为道岔的顶点具有以下数据参数（注意：顶点属于一个道岔）。

• Default Position：选中该复选框时，表示道岔处于默认位置。默认位置是指打开文档或者开始仿真时道岔的位置。

• Change：单击此按钮使道岔从默认位置转向相反位置，反之亦然。

• Switch Time：道岔转换时间（默认值为 0），单位为秒。

（4）Connector：连接顶点，只有作为连接器的顶点才有此属性。

• Layout：连接文档的名称（即具有与所选顶点连接的连接器顶点的文档）。

• Connector ID：连接文件的连接顶点编号。

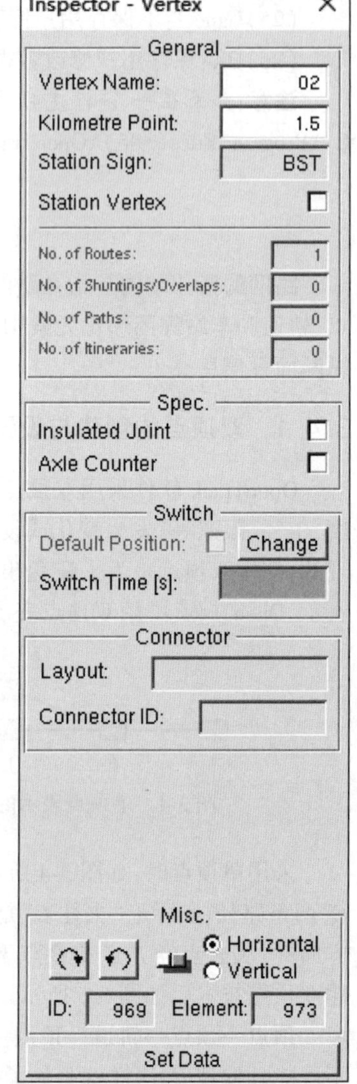

图 3-7 顶点属性设置对话框

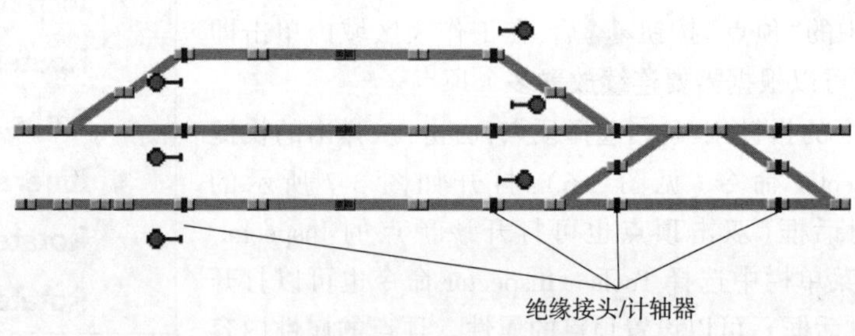

图 3-8 具有绝缘接头/计轴器的顶点

(5)Misc:其他设置。

- Rotate Right :将顶点向右旋转90°。
- Rotate Left :将顶点向左旋转90°。
- :顶点选择器,允许用户选择需要编辑的双顶点中的一个顶点。
- Horizontal/Vertical:允许用户预设下一个要插入的双顶点的方向,水平或垂直方向。
- ID、Element:表示顶点编码(由软件自动标识,用户不能修改)。

(6)Set Data:单击此按钮可保存顶点属性编辑对话框中的数据。

在Inspetor-Vertex对话框打开的状态下,添加顶点的同时可以输入顶点属性,在选中指针工具情况下,则需要先打开编辑工具然后再选择顶点并输入属性参数。输入每个顶点属性参数后都要按【Enter】键确认,最后单击Set Data按钮保存属性数据。

2. 在既有轨道上插入一个Vertex顶点

操作步骤如下:

(1)单击工具栏中的顶点按钮。

(2)按住【Shift】键在要插入的轨道上单击。

(3)插入顶点完成,轨道被分为两段。

3. 在既有轨道上删除一个Vertex顶点

操作步骤如下:

(1)在工具栏中选择指针工具。

(2)选择准备删除的顶点。

(3)按【Shift+Backspace】组合键或【Shift+Delete】组合键完成顶点删除,轨道自动连接成一条轨道。

注意:删除顶点同时会将相连接的轨道属性参数删除。

4. 将既有双顶点分成两个双顶点

操作步骤如下:

(1)从工具栏中选择指针工具。

(2)选择被划分的顶点。

(3)选择Functions→Cut Double Vertex命令,即可将选中双顶点分成两个双顶点。

5. 合并两个双顶点

操作步骤如下:

(1)从工具栏中选择轨道工具。

(2)按住【Shift】键选取将被合并的一个顶点(没有轨道或信号设备的一端)。

(3)按住【Shift】键将此顶点拖到被合并的目标顶点上。

(4)释放【Shift】键和鼠标按钮。

注意:双顶点合并操作要求合并的顶点一端有轨道或信号设备,而另一端则没有,而且这个操作仅发生在没有连接轨道或信号设备一端的顶点。

6. 复制顶点

选择Functions→Cut Double Vertex命令,可复制选中的顶点,这一功能对连接两条边的顶点比较实用,因为复制后,原顶点连接的两条边会分别连接原顶点和新顶点,这就也为顶点删除提供了更多选项。因为删除顶点时依附在顶点上的轨道同时被删除,若想保留一条轨道就必须先复制再删除。

7. 设置顶点显示尺寸

工作表中,顶点可以两种大小尺寸进行显示,通过 Format→Show Small Vertices 命令进行转换。图 3-9 和图 3-10 分别所示为不同尺寸的顶点。

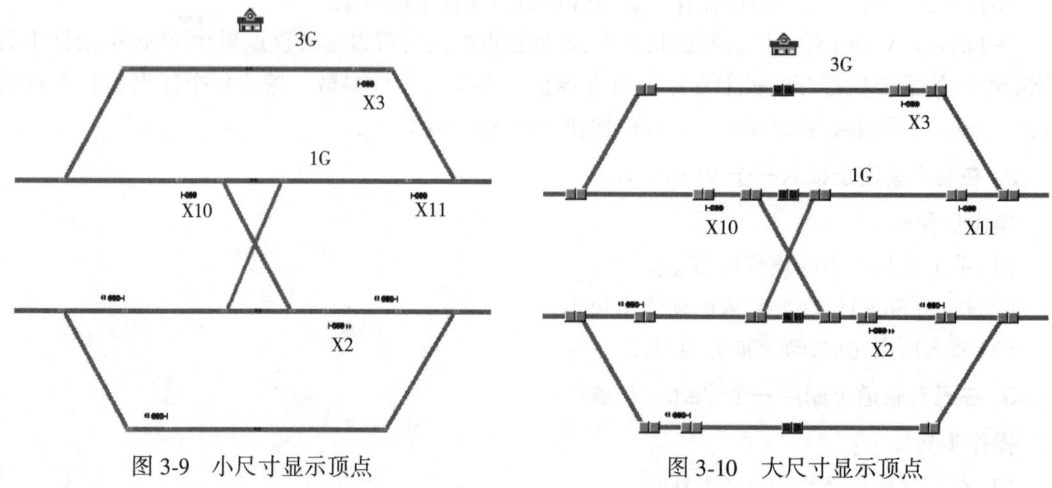

图 3-9　小尺寸显示顶点　　图 3-10　大尺寸显示顶点

8. 车站顶点(Station Vertex)

所有车站都需要定义一个明确的中心参照点,OpenTrack 专门定义一类称为车站顶点的双顶点,用于表示车站中心。车站顶点应该放置在车站建筑物的位置,且车站内所有线路均需要设置车站顶点,如图 3-11 所示。

(1)由一般"顶点"转换为"车站顶点",参照一般顶点的创建方法插入一个顶点。

(2)打开该顶点的 Inspector-Vertex 属性设置对话框,选中 Station Vertex 复选框,设置成为车站顶点后,双顶点会改变颜色,一般显示深蓝色。

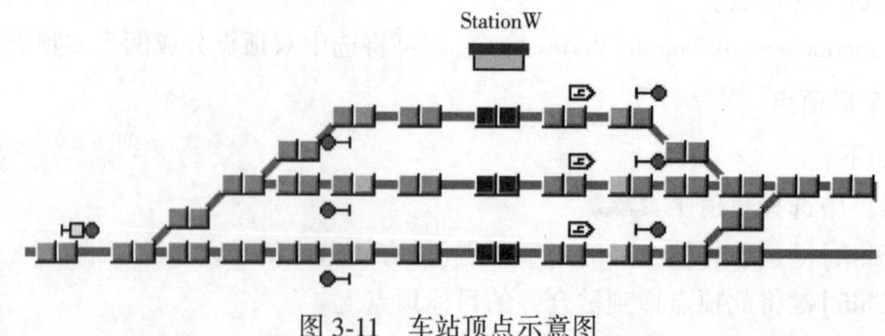

图 3-11　车站顶点示意图

3.4.2 轨道

在 OpenTrack 软件中,轨道由 Edges 线条表示。Edges 可通过工具栏中的按钮在工作表区域中创建,并通过 Inspector-Edge 对话框进行属性设置。Edges 具有方向性,而且方向与坡度、曲线半径和通过速度等属性密切相关。创建轨道前需要先创建顶点,轨道是从一个顶点到另一个顶点的连线且具有方向,当轨道的坡度为正数时,表示沿着轨道的方向是上坡。

1. 创建轨道

(1)从工具栏中选择 工具。

(2)单击起始顶点。

(3)按住鼠标左键(惯用左键)移动至目标顶点。

(4)释放鼠标,轨道 Edges 被成功创建。

2. 编辑轨道属性

通过 Inspector-Edge 对话框编辑轨道属性,如图 3-12 所示。

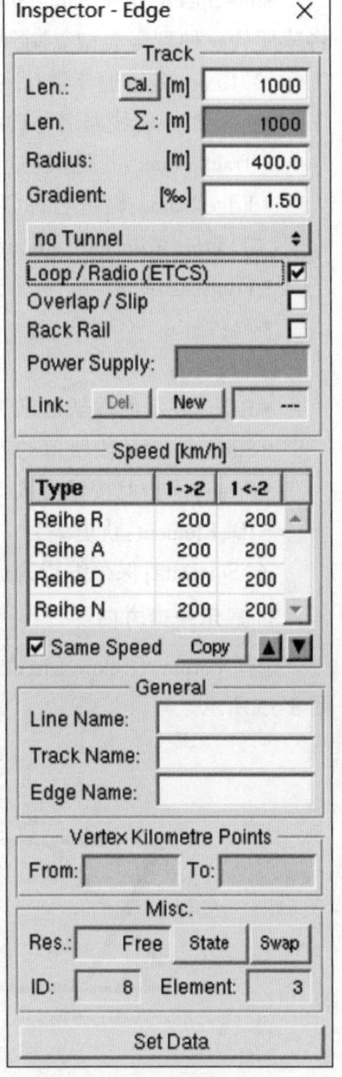

图 3-12　轨道属性编辑

轨道属性参数含义如下:

(1)Track:

- Len.:表示轨道长度(单位:m, 长度必须大于 0)。
- Cal.:单击此按钮表示使用已设置顶点数据计算轨道长度。
- Len. $\sum$: 选中的线路总长度(单位:米)。
- Radius:曲线半径(单位:m,无曲线半径时此段轨道为直线)。
- Gradient:坡度(顶点 1 指向顶点 2),利用正负区分上下坡,上坡为正。

隧道类型下拉菜单,可选隧道类型如下:

no Tunnel:无隧道。

Tunnel single,smooth:单轨隧道,隧道壁光滑。

Tunnel double,smooth:双轨隧道,隧道壁光滑。

Tunnel single,rough:单轨隧道,隧道壁粗糙。

Tunnel double,rough:双轨隧道,隧道壁粗糙。

Tunnel(fT=0. 5…50)使用隧道系数表示隧道状况,而不是隧道类型。

- Loop/ Radio(ETCS):选中此复选框表明此段轨道边上装有应答器或无线通信列控信号。
- Overlap/Slip:选中此复选框表示信号灯后方区段为安全余量的一部分。
- Rack Rail:选中此复选框表示该段轨道上装有导向轨或齿轨。
- Power Supply:所属的供电组名称(可选)。
- Link:互斥连接(Exclusion Link)选项, 如果轨道具有互斥连接,则其 ID 显示在此行。按 Del. 按钮可以删除互斥连接。互斥连接时,只要关联的轨道被分配或占用,此段轨道就不能被占用或分配。

(2)Speed(km/h)用表格形式列出了轨道区段对不同类型列车的限速列表,可以选择某类列车类型和行驶方向上的限速,分为 1→2 和 2→1 两个方向。列车类型及其限速值,可以选择 Info→Preference 命令进行设置。

Same Speed：选中 Same Speed 复选框时，表示两个方向上列车限速相同，同时可以用 Copy 按钮将速度从一种列车类型复制到另一种列车类型。

(3) General：普通参数(下面项目可以不必填写)。

- Line Name：线路名称(可选填，便于通过 railML 格式进行数据交换)。
- Track Name：进路名称(可选填，便于通过 railML 格式进行数据交换)。
- Edge Name：轨道名称(可选填)。

(4) Vertex Kilometre Points：公里点顶点。

- From：起点。
- To：终点。

(5) Misc.：

- Res.：表示此段轨道已为某条运行线预留，用户可以手动改变占用情况。
- State：改变某段轨道的占用情况，如从占用状态改变为空闲状态，反之亦然。
- Swap：单击此按钮可改变轨道的方向。
- ID、Element：轨道编号。

(6) Set Data：保存编辑完成的数据。

3. 显示轨道方向

选择 Format→Show Direction of Edges 命令，让工作表区域的所有轨道方向通过箭头指示，如图 3-13 所示。

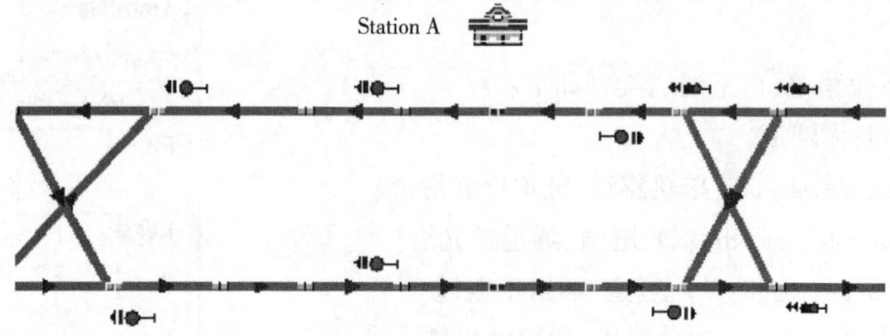

图 3-13 用箭头指示方向的轨道

4. 改变轨道方向

用工具栏中的指针工具选择预改变方向的轨道，右击，从弹出的快捷菜单中选择 Inspector 命令，打开轨道属性编辑窗口，单击 Swap 按钮可以改变选中轨道的方向。

3.4.3 安全区段

安全区段(Safety Element)是指同一时间仅能被一列火车占用的轨道区段，是铁路网的基本构成单元，在 OpenTrack 程序中，一个安全区段可以由一个或几个 Edge 组成，它们只能被同时占用或同时空闲。在工作表区域中设计铁路线网拓扑结构时，安全区段会自动生成、保存，但不在工作表中显示。OpenTrack 软件生成安全区段的原则是：一段轨道和两端与它相连的两个顶点(此顶点为双顶点中的一个顶点)属于一个安全区段，如图 3-14 所示。

当路网中存在平面交叉点时，OpenTrack 自动生成安全区段的方法将不能准确地表示轨道网络结构。为了能够在道岔的区段可以准确定义安全区段，用户可采用以下两种方式在平面交叉点准确创建安全区段。

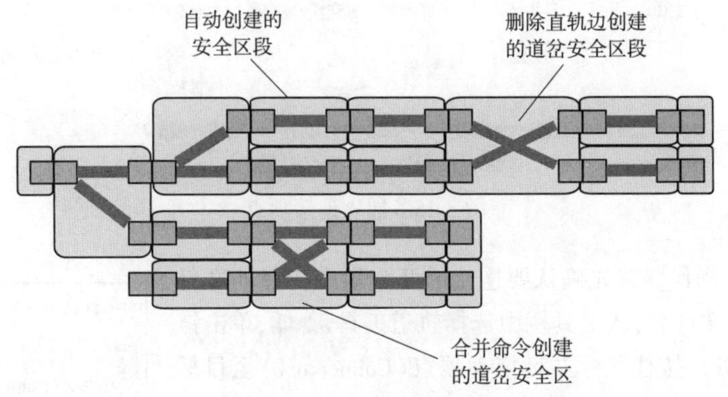

图 3-14　安全区段

(1)从两条线路转换的道岔的顶点处开始绘制交叉线，然后删除直轨一边(保持侧轨边)，此时 OpenTrack 软件会自动形成道岔的安全区段。

(2)绘制线路交叉点后，用选取工具选择道岔区域，选择 Functions→Merge Elements 命令，形成安全区段。

安全区段信息不显示在工作表区域中，需要通过查看线路元素的 ID(使用 Inspector 工具)或设置状态改变体现安全区段的信息。例如，安全区段中一段轨道的状态从空闲变为已占用时(使用轨道的 Inspector 中的更改状态命令可以改变安全区段的状态)，OpenTrack 会以同种颜色突出显示属于同一安全区段的所有轨道。

3.4.4　连接顶点

连接顶点(Connector Verteices)◈工具能够帮助用户将不同工作表界面、不同文件、同一工作表中不同位置处的顶点连接起来，建立、显示一个完整的铁路网络。通过连接顶点可将多个文件合并成一个“大规模”路网，连接顶点工具为用户提供多界面、形象化、不受工作表面积大小限制的铁路网络，同时也便于数据输入和管理。

顶点(指双顶点中的一个点)实现连接的条件如下：

(1)工作表有合法的命名。

(2)顶点没有信号设备。

(3)顶点没有连接轨道。

1. 创建连接顶点

连接顶点的实现步骤如下：

(1)插入连接顶点。从工具栏中选择连接顶点工具◈，单击第一个布局(或铁路网络)中要连接的双顶点，连接顶点(Connector1)即被创建。重复步骤(1)在另一个要连接的线路布局中创建连接顶点(Connector2)，如图 3-15 所示。

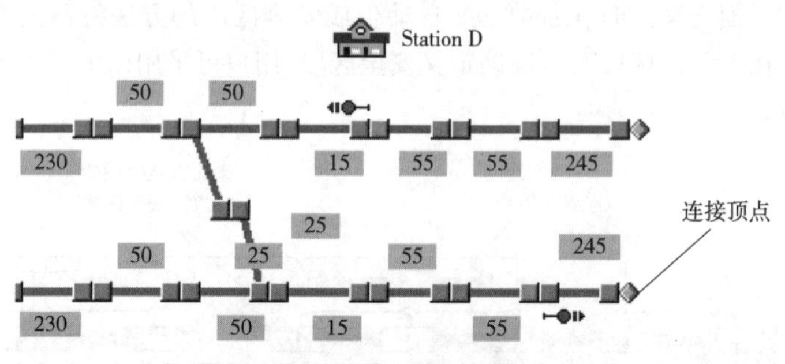

图 3-15　插入连接顶点

(2)创建连接操作。首先确认要连接的两个顶点所在的文件已经打开,并且有文件名,从工具栏中选择轨道工具 ,单击链接顶点(Connector1),按住鼠标左键拖动顶点(Connector1)至目标顶点(Connector2)(在连接目标顶点附近,鼠标会出现一个"+"符号),放开鼠标左键。

2. 查看连接顶点

通过顶点属性编辑工具 Inspectors 可以查看连接顶点的属性,在 Connector 属性项中,会显示连接顶点的布局名称和 ID,如图 3-16 所示。如果 Connector 属性项中是空的,表明连接顶点未创建成功。

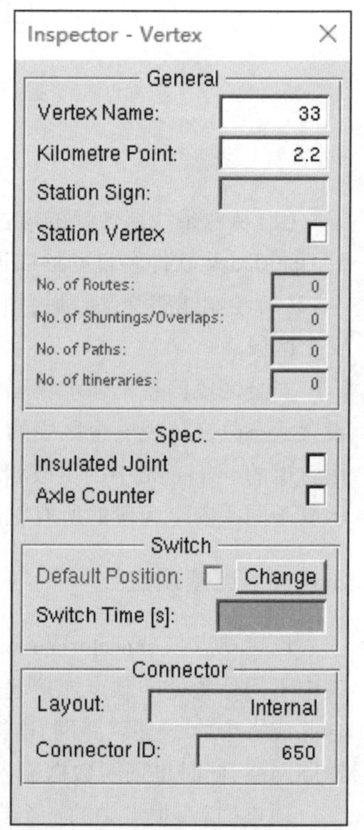

图 3-16　查看连接顶点

3. 删除连接

在工作表中选中预删除的"连接顶点",选择 Functions→Cut Double Vertex 命令可将"连接顶点"分离,然后再删除分离出的"连接顶点",即可删除连接。

3.5　信号机部署与设置

信号是轨道交通系统中指示列车运行及调车作业的命令,指示运行条件,保证行车安全、提高区间和车站通过能力。在 OpenTrack 中使用两种类型的信号:具有变化信息的信号(如灯光信号、信标)和停车位置指示信号。灯光信号又细分为主信号(可显示停止运行的信号)、预告信号(预告进站信号机等主信号机的显示状态,无停止信号)、组合信号(主信号和预告信号组合)和调车信号,主信号(包括组合信号)又进一步细分为进站信号(Home Signal)、出站信号(Exit Signal)、闭塞信号(Block Signal)。

停车位置指示信号指示车站或停靠站的位置,列车在该位置有一个给定的长度可以停止。OpenTrack 允许用户区分长度标志(10…1 000 m)和所有列车的一般停止标志。

OpenTrack 软件可以应用通用的不同于道路的信号图标或常用多显示信号图标在工作表上表示主信号和预告信号,OpenTrack 中使用的所有类型的信号信息见表 3-1。

表 3-1　OpenTrack 中的信号类型及说明

信号图标	信号类型(英文)	信号类型、含义(中文)
	Main Signal(Can Show Stop)	主信号(可显示停车)
	Main Signal 2-Aspect	双显示主信号(可显示停车)
	Distant Signal	预告信号(显示下一个主信号机的状态)
	Distant Signal 2-ASP	双显示预告信号(显示下一个主信号机的状态)
	Main/Distant Signal	双显示组合信号(预告信号和主信号的组合)
	Main/Distant Signal 3-ASP	三显示组合信号(预告信号和主信号的组合)
	Main/Distant Signal 4-ASP	四显示组合信号(预告信号和主信号的组合)
CAB　CAB	Line with Cab Signalling(Begin,End)	机车信号(具有机车信号的区段开始,具有机车信号的区段结束)
OPT　OPT	Line with Speed Optimization(Begin,End)	速度优化(开始,终点)信号(具有速度优化的线路区段开始和结束)
	Balise, Beacon (Transmits State of Main Signal to the Train)	ETC 应答,无线通信信号(传递下一个主信号的状态到列车上)
	Speed Restriction Speed Information(Begin, End)	限速区段指示(限速开始和限速结束)
	Shunting Signal	调车信号,用于车站内的调车过程
P	Performance Signal	性能信号
C	Power off,Power on,Coasting Signal	断电(无动力区段开始,电力机车不能加速时间更长)、通电(无动力区段终点)、滑行信号(在速度范围内滑行,有速度上限和下限)
H　C　T	General Halt for all Train lengths(Ref. Point. H:Train Head,C:Train Center T:Tail of Train)	停车标,所有长度列车的通用停车位置标(参考点:H——车头,C——车中间,T——车尾)
1…8	Halt for certain Train lengths(100…800 m)	与列车长度相对应的停车位置标(100…800 m)
	Wind Signal	风信号

续上表

信号图标	信号类型(英文)	信号类型、含义(中文)
	Crossing Barrier/Grade Level Crossing	有障碍物的平交道口/公路与铁路交叉道口
	Requested SpeedStartsig. Requested Speed Endsig.	按要求速度通过区段的开始信号,按要求速度通过区段的结束信号
	Resistance Signal	以 kN 为单位的附加阻力值(将用于计算实际列车阻力)
	Performance Cat Signal	每列车的本地性能值百分比

在 OpenTrack 软件中,信号机的部署与其他轨道布局元素(例如顶点、轨道)类似,允许用户使用图形编辑器在工作表上放置信号机并使用属性编辑工具 Inspectors 设置信号的属性。

信号机位置的确定与线路的使用有关,对于左侧行车的线路,信号机通常布置在线路的左侧,OpnenTrack 中同样遵循左侧行车规则。信号机附着在“顶点”上,但它防护的是轨道线路。在图 3-17 中显示了信号机与附着顶点和所防护线路之间的关系,轨道上侧的信号机防护的是顶点右侧的线路,它附着在双顶点的“左点”上。为了满足信号机和所防护线路的关系,在添加信号机时需要将信号机添加到正确的顶点上。

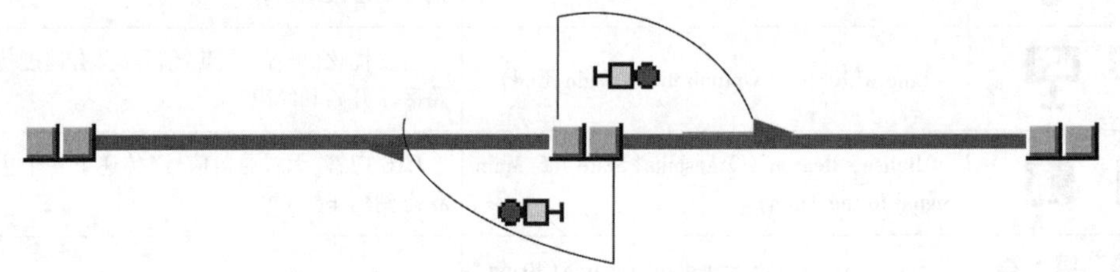

图 3-17 信号机、附着顶点和所防护线路的关系

1. 布置信号机

(1)从工具选项板选择信号工具。

(2)单击要布置信号的顶点(注意,信号可布置在线路两侧,因此必须单击用户创建信号要控制的线路方向相对应的一侧),布置的信号机将附着在该顶点上。

(3)信号机的位置可以根据需要改变位置,在选择工具,选中信号机,就可以将其放置在任意位置,但是为了读图方便,应将信号机放置在附着顶点附近。

2. 设置信号机属性

在 Inspector-Signal 对话框中编辑和设置信号属性。应用工具栏中的指针工具选择一个或一组信号,选择 Tools→Inspector 命令,打开 Inspector-Signal 对话框,如图 3-18 所示。在 Type 选项区域内,首先选择信号类型(指 OpenTrack 工作表中显示的不同信号图标,以区分信号类型),然后设置信号机的相关参数。

信号机属性参数详细说明如下:

(1)Type:信号类型选项,弹出菜单中可以选择的信号类型。

● Main Signal：主信号的附加说明，主信号分为 Home Signal（进站信号）、Block Signal（区间信号，在区间被作为闭塞分区划分点）和 Exit Signal（出站信号）三种类型，选择单选按钮确定主信号类型，然后通过 Type 下拉列表进一步选择细分信号机图标类型。

● Show Symbol：选中此复选框可在工作表上显示信号类型。

● Signal is virtual：选中此复选框表示信号为虚拟信号（虚拟信号机表示在路线上没有相应的信号机安装，仅用于显示安全技术。例如，移动闭塞下的闭塞区间划分）。

● Show Icon：选中此复选框可在工作表上显示信号图标，可以通过后面的弹出菜单选择信号图标的类型，如图 3-19 所示。

（2）Aspects：Aspects 框内描述主信号的显示信息特征，可分为以下两方面来描述。

● Aspects 主菜单：在此列表中可选择主信号显示类型，支持五种信号类型选择，如图 3-20 所示。

- Speed：显示速度。
- Indication SBB：基于瑞士联邦铁路系统（System SBB）的组合信号灯显示速度变化。
- Indication NS：基于荷兰（NS：Netherlands Signaling）信号系统的速度。
- Universal（Metric）：基于公制的速度（单位：km/h）。
- Universal（US）：基于美式速度（单位：mph）。

● Aspects 列表框：列出了可在信号上显示的可能速度的选项列表。此处列出了可以显示的信号状态（与分配的进路无关），双击目标，可以选中或取消选择此状态。

● Sight Distance（m）：视距（单位：m），机车司机根据下一个信号机发出的信息进行操作的距离（单位：m）。

● Allow Entry in OCC. Block：选中此复选框表示列车可以通过主信号机，即使前方轨道区段被占用，列车也可以进入被占用的区段。

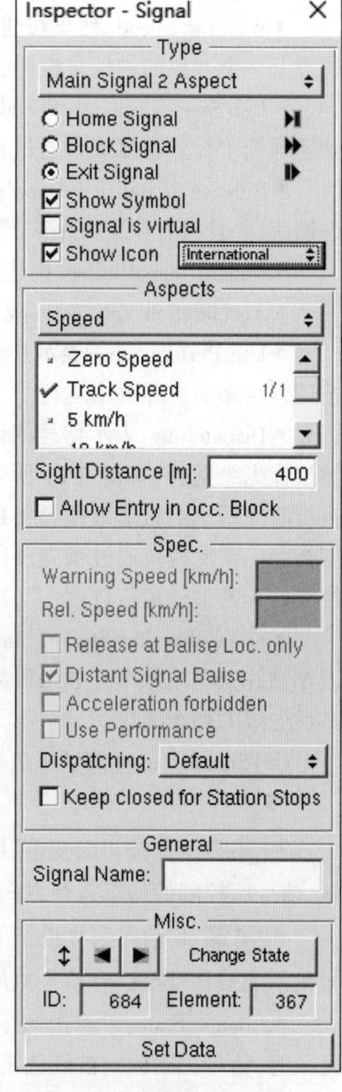

图 3-18 信号机属性设置

图 3-19 信号图标的类型

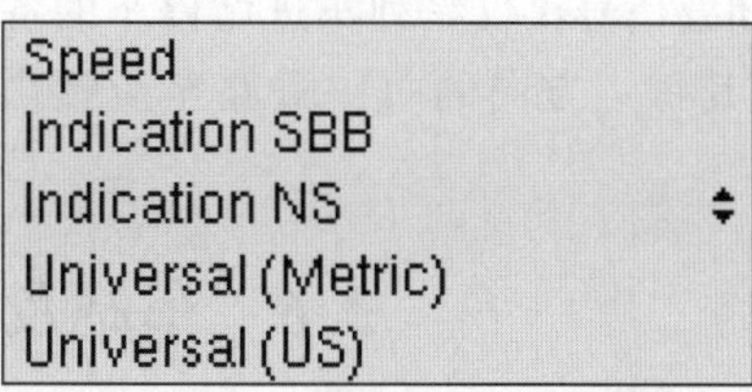

图 3-20 主信号显示类型菜单

(3)Spec.:显示信号的一些特殊属性。

• Warning Speed:列车在通过主信号机前的第二个关闭预告信号机时必须保持的速度,直到通过下一个开放的主信号机(可选)。

• Rel. Speed(Release Speed):信标释放速度(单位:km/h)。被监测的列车必须通过制动使行驶速度低于释放速度或者通过有源信标通知列车可以通过被监测的冲突位置。

• Release at Balise Loc. only:在应答器位置释放时,只有观察到列车在不低于允许速度时才允许加速,并且只有在下一个应答器或下一个环路上才允许再次加速。

• Distant SignalBalise:描述应答器是否也发送预告信号的信息。

• Acceleration Forbidden:表示禁止加速的信号。

• Use Performance:表示是否使用预告限速信号、限速启动信号和要求的限速启动信号,还是按运营线路的实际要求运行。

• Dispatching:表示信号的调度类型。右侧的下拉列表可以进行调度类型优先级选择,如图 3-21 所示。OpenTrack 的调度模块在仿真过程中执行时间敏感的轨道区段预留的中心任务,并为各个列车提供适当的调度指令。调度模块通过预先预留轨道区段和优先级设置选择备用进路来控制列车的最优运行进度。

Default
Priority -
Priority +
Delay -
Delay +
Wait Time -
Wait Time +
Arrival

图 3-21 信号的调度类型

• Keep closedfor Station Stops:确定是否应关闭出站信号,以便列车接近车站并在车站停车。如果设置了出站进路,则在进站信号机处允许更高优先级的列车通过。

(4)Signal Name:信号机名称,可选填。

(5)Misc.:

• :按下此按钮改变信号机在钢轨两侧的位置,此移动仅是改变工作表中信号机的显示位置,信号所控制的列车运行方向仍维持不变。

• :移动此信号机至下一个顶点或前一个顶点位置,即相邻的顶点处。需说明的是:信号机不能被移动至已有信号机的顶点或标识为道岔的顶点位置。

• Change State:单点击此按钮可手动锁定由此信号控制的轨道区段。若以这种方式锁定轨道区段时,信号机图标则被红色矩形框圈出。

• ID、Element:Opentrack 程序自动生成的对象或安全要素的编号(此编号不能编辑)。

(6)Set Data:保存输入或修改数据至文件中。

OpenTrack 可根据列车长度计算最合理的列车进站进路和停车位置,在 OpenTrack 中,可供列车停车的位置有主信号或停车标。在主信号中,列车进站停车时首选出站信号为停车位置,而进站信号和闭塞信号仅仅是列车进站停车的备选位置。这就意味着,在 OpenTrack 中,对于任何一个车站,其每一方向的每一进路至少提供一个停车标或主信号作为列车的到站停车信号。

3.6 车站及车站区域

OpenTrack 软件采用两种方式管理车站数据,即车站(Stations)数据库和工作表中的车站对象。车站数据库包含了尽可能多的车站属性信息,并且可以供所有用户使用。车站的属性信息包含车站名称、简称、管理归属部门、车站管理范围、车站海拔高度、坐标等。车站数据库不必为每个OpenTrack项目重新创建,而是一个不断增加的数据文件,可以随时访问其中的记录,也可以从外部文件中读入一个完整的车站信息的外部文件。

在工作表区域创建轨道网络时,用户使用工具面板的车站工具将车站图标放置在轨道线网上,然后,应用Inspecter检查器设置车站属性,包括连接到车站数据库。如果没有将车站信息添加到车站数据库中,是不能在工作表区域的路网上使用的。车站包括三种类型:客运车站、列车停靠站和服务站。

3.6.1　车站数据库

OpenTrack使用数据库文件存储车站信息,文件扩展名为.stations,一个OpenTrack工程可以有多个车站数据库,例如,可以是一个国家的,也可以是一个地区的车站数据库。

选择Info→Preferences命令选择可用的车站数据库,也可以选择Tools→Stations命令打开车站数据对话框,建立新车站数据库,如图3-22所示。

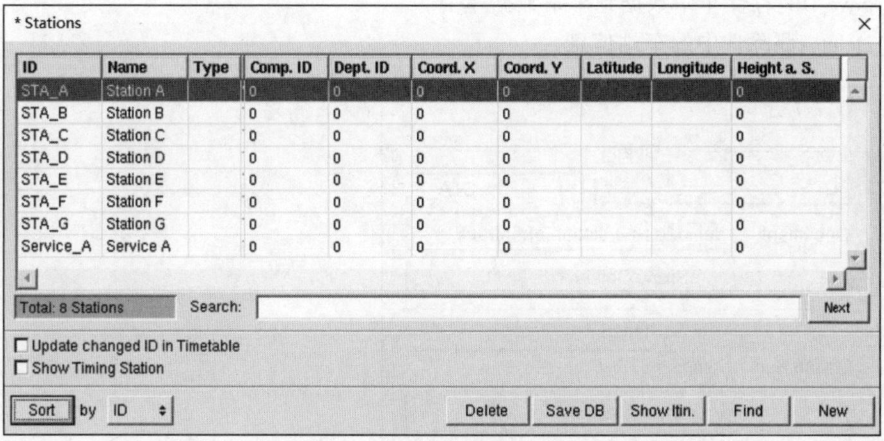

* Stations

ID	Name	Type	Comp. ID	Dept. ID	Coord. X	Coord. Y	Latitude	Longitude	Height a. S.
STA_A	Station A		0	0	0	0			0
STA_B	Station B		0	0	0	0			0
STA_C	Station C		0	0	0	0			0
STA_D	Station D		0	0	0	0			0
STA_E	Station E		0	0	0	0			0
STA_F	Station F		0	0	0	0			0
STA_G	Station G		0	0	0	0			0
Service_A	Service A		0	0	0	0			0

Total: 8 Stations　Search:　Next

☐ Update changed ID in Timetable
☐ Show Timing Station

Sort　by　ID　Delete　Save DB　Show Itin.　Find　New

图3-22　车站记录编辑对话框

在车站记录编辑对话框中,单击New按钮增加一条车站记录,双击车站的属性,可以编辑输入车站属性信息,单击Save DB按钮保存车站信息到数据库中。车站记录编辑对话框信息如下:

(1)车站记录属性数据:

- ID:车站ID,车站编号或车站简写(必须唯一)。
- Name:车站名称。
- Type:用户定义的车站类型。
- Timing:指示车站是否为时间对照车站(只有时间对照车站才会等待发车时间)。
- Comp. ID:车站归属的铁路管理局的ID。
- Dept. ID:本地管理部门的ID。
- Coord X:车站的X坐标(单位:m)。
- Coord Y:车站的Y坐标(单位:m)。
- Longitude:车站的地理经度(单位:度)。
- Latitude:车站的地理纬度(单位:度)。

- Height a. S. :车站的海拔高度(单位:m)。

(2)Search:搜索字段(当车站中包含用户输入的搜索文字时,车站记录将被选中)。

(3)Update changed ID in Timetable:选中此复选框后,车站 ID 的变更将被更新在列车时刻表中。

(4)Show Timing Station:显示是否为时间对照车站,选中此复选框,表示车站为时间对照车站。在时间对照车站,列车总是等待规定的发车时间,在其他站,列车只要满足最短停站时间就可以发车。

(5)Next:搜索下一个包含搜索文字的车站。

(6)New:新建一个车站记录(添加到最后一条记录下面)。

(7)Sort:对车站进行排序(可选择以车站 ID 或车站名称排序)。

(8)Find:打开查找车站窗口,如图 3-23 所示。查找选中的车站或输入的车站,单击 Show Object 按钮会显示车站对应在工作表中的车站图标,如图 3-24 所示。

(9)ShowItin. :在"运行线路"窗口中显示所有活动运行线路通过的选定车站。

(10)Save DB:存储车站数据到车站数据库中。

(11)Delete:删除选中的车站信息。

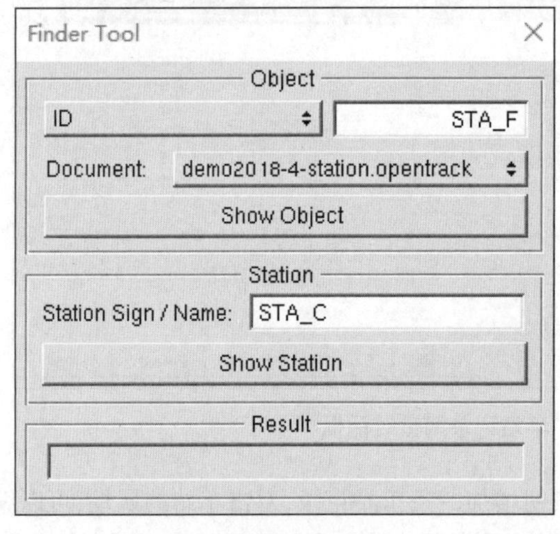

图 3-23 查找车站窗口

图 3-24 工作表上车站图标显示

3.6.2 创建工作表中的车站

从工具栏选择车站创建工具,在工作表中要创建车站的位置单击,即可创建车站图标,如图 3-25 所示。没有关联车站数据库中的某个车站记录时,工作表中的车站图标是灰色的,完成属性设置后,车站图标将自动变成彩色。

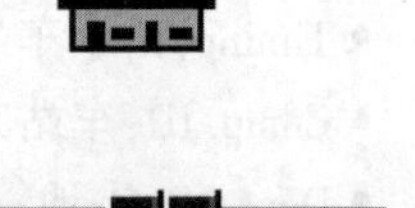

图 3-25 工作表中的车站图标

3.6.3 设置车站属性

在工作表中选择车站图标,右击,在弹出的快捷菜单中选择 Inspector 命令,或者在菜单中选择 Tools→Inspector 命令,打开车站属性编辑对话框,如图 3-26 所示。

车站属性包括以下内容：

(1)Station：列表框中显示车站数据库中的车站信息，双击列表中某个车站名称，则将工作表中选中的车站图标与列表中的车站信息关联，关联后列表中的车站前会出现"√"标志。车站名称可以通过列表中的导航查找或在"搜索"栏中输入搜索字符串查找。

(2)车站类型选择下拉列表，如图 3-27 所示。车站类型包括八个种类：Station manned(人工调度车站)、Station unmanned(自动调度车站)、Halt(停靠站，指小火车站)、Service(服务车站)、Depot(车辆段)、Junction(枢纽站)、Block Post(线路所)、Signal(信号站)。

(3)车站信号控制类型选择下拉列表，如图 3-28 所示。信号控制类型包括五种：None(表示无控制信号机)、Mech. Signal Box(机械信号)、Electromech. Signal Box(机电信号)、Electric Signal Box(电信号)、Electronic Signal Box(电子信号)。

(4)Show Icon：选择此项后，工作表中显示车站图标。

(5)Station Sign：选中车站的简写(来自车站数据库)。

(6)Coord. X./Coord. Y：选中车站的坐标数据(来自车站数据库)。

(7)Height a. S.：选中车站的高程数据(来自车站数据库)。

(8)Search：可以输入数据，根据车站名称在车站数据库中搜索车站。

(9)Misc.：其他项设置。

• Show：车站管理范围内的所有顶点高亮显示。

• Label：单击此按钮可以在工作表中显示车站名称。

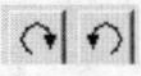

• ↻|↺：单击此按钮，车站图标顺时针或逆时针旋转 90°。

• ID、Element：OpenTrack 对象和安全元素的 ID 码(用户不能修改)。

(10)Set Data：保存车站数据至文件中。

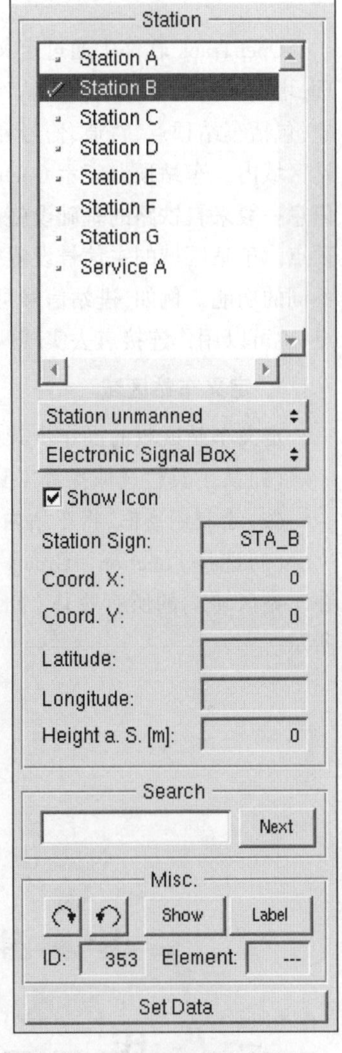

图 3-26　车站属性编辑对话框

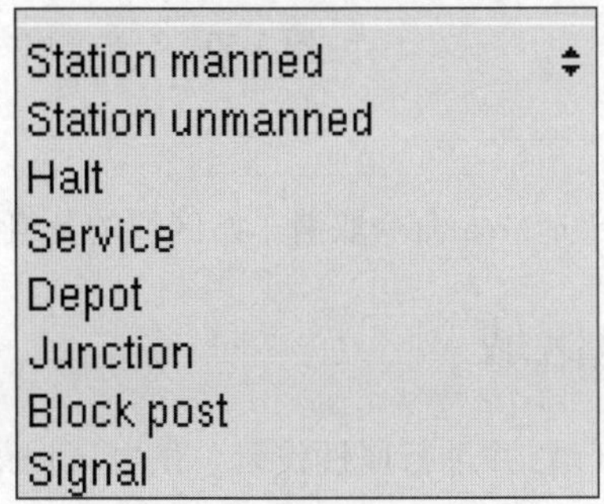

图 3-27　车站类型下拉菜单

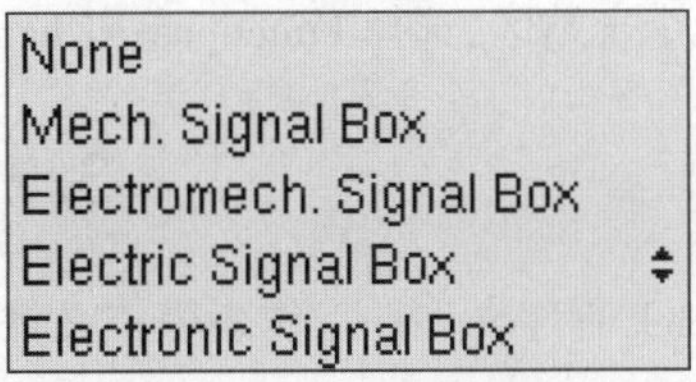

None
Mech. Signal Box
Electromech. Signal Box
Electric Signal Box
Electronic Signal Box

图 3-28　车站信号控制类型

3.6.4 车站区域

OpenTrack 软件中通过定义车站区域将车站范围界定出来,形成完整的车站范围,便于数据管理,增强线网的可视化。车站区域包括从一端进站信号机至另一端出站信号机区域内的所有对象,包括车站顶点、轨道、信号和一个车站图标。需要注意,列车在车站停车时,列车应完全位于车站区域内。车站顶点表示 OpenTrack 工作表上车站数据库中的公里参考点,代表车站建筑的位置,信息一般来自铁路的基础设施部门,设置车站顶点时要求使通过车站的每条进路只包括一个车站顶点。车站区域的主信号设置要求设置信号类型(进站信号或出站信号),因为不同的信号类型有不同的功能。例如,进站信号可以定义一个列车到达的顺序,而出站信号可以是列车的车站停车点,也可以用作连接点去实现两列车联编。

1. 定义车站区域

定义车站区域的操作步骤如下:

(1)从工具栏选取指针工具。

(2)绘制矩形框,将车站内的元素都选中包含在内,如图 3-29 所示。

(3)选择 Function→Group→Station Area 命令,则相关顶点将以不同的颜色显示,同时被包含在车站区域内的所有物体(如双顶点、轨道等)在其属性中均包含有车站名称缩写,如图 3-30 所示。

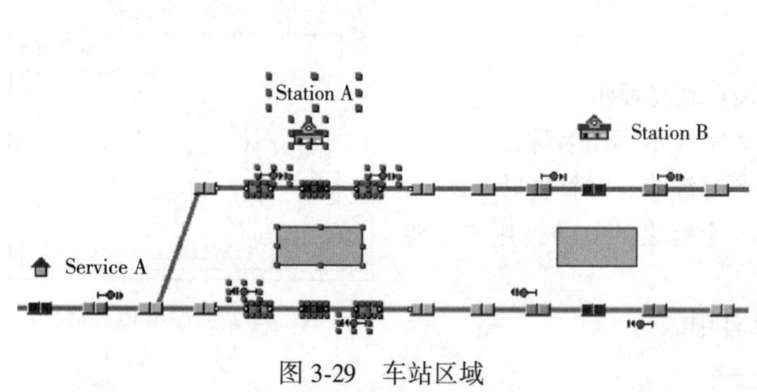

图 3-29 车站区域

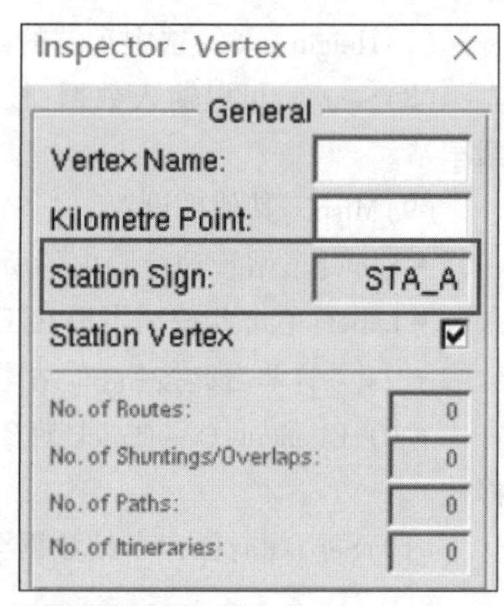

图 3-30 车站区域内的顶点

2. 取消车站区域

选中某个车站区,选择 Functions→Ungroup→Station Area 命令取消车站区域的分组。

3.7 供电区域

OpenTrack 程序允许在工作表中定义铁路供电区域,并进行属性设置。供电区域最重要的属性是该区域提供的电源类型。OpenTrack 包括 35 种不同的电源类型(如 AC 15 kV 16 2/3 Hz、DC 3 000 V 等)以及用户自定义类型。OpenTrack 还包括磁悬浮列车的动力类型。

图 3-31 展示了一个不同区段两种类型电源供应的变化，A 站区段采用 15 kV 交流电，B 站区段采用 1 500 V 直流电，在两段不同类型电源之间必须放置绝缘区段。如果供电区段中电源名称标记为“无”，表示此位置没有牵引能量（例如绝缘段），在这些区段中，只有靠自身动力（如内燃机车）行驶的列车才能运行。

没有分配给供电区域的轨道区段视为有通用电源区段，所有牵引类型（柴油或电力）均可在这些轨道区段上运行。

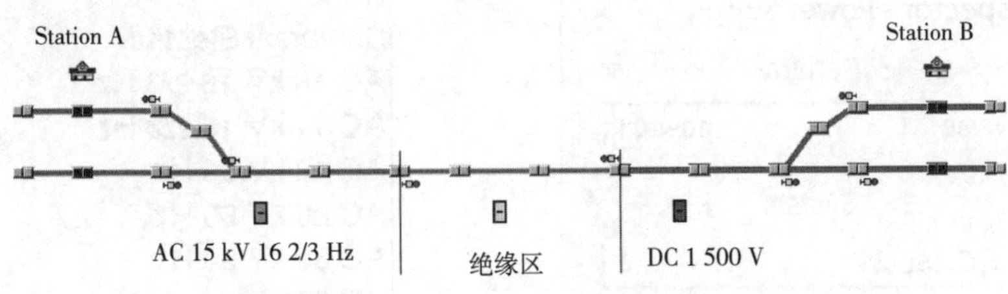

图 3-31　电力供应的变化——绝缘区段

1. 创建供电区域

（1）创建供电图标：

- 从工具栏选择供电图标 ▣。
- 在工作表中单击要创建供电图标的位置，供电图标即被创建在工作表上。
- 用属性设置工具（Inspecter）设置电源属性。

（2）设置供电区域：

供电区段由两个顶点、铁路和信号以及一个电源图标组成。该区域的所有轨道都有相同的电源。以下步骤可设置供电区域：

- 用指针工具在电源区内的所有元件周围画一个矩形，选中区域内的元素。
- 选择 Functions→Group→Power Supply Area 命令，即可实现供电区域设置。

2. 设置供电属性

使用属性设置工具 Inspector 进行设置，可以设置供电图标的名称、颜色、供电系统类型等属性，如图 3-32 所示。供电属性参数信息如下：

（1）General：常规属性，此框包含文本字段“名称”，允许用户将名称分配给供电区域。

（2）System：此列表框允许用户选择 OpenTrack 提供的供电类型作为区域的电力系统类型，如图 3-33 所示。OpenTrack 软件提供了多种供电类型和磁悬浮类型可以选择。

（3）Visualization：描述了工作表中供电区域显示方式。

- Color：单击右侧按钮为轨道和电源图标选择颜色。
- Show Icon：选中该复选框时，工作表上会显示电源图标。
- Color Edges：允许用户选择何时电源区域中的轨迹段（边）将以选定的颜色勾勒。列表框中提供了三个选项：Never（从不）、Always（总是）、Simulation（模拟）。

（4）Propulsion Segment：磁悬浮推进段的定义。

（5）Propulsion Segment Group：磁浮列车推进段组的定义。

（6）Misc.：

- ↻：单击后将电源图标向右旋转 90°。

- :单击后将电源图标向左旋转 90°。
- Show:单击此按钮会使电源区域中分组的顶点在文档上亮显。
- Label:单击此按钮可在工作表上显示电源设备名称。
- ID、Element:OpenTrack 对象和安全元素 ID 号(用户不能更改)。

(7)Set Data:将新数据保存到 OpenTrack 文件。

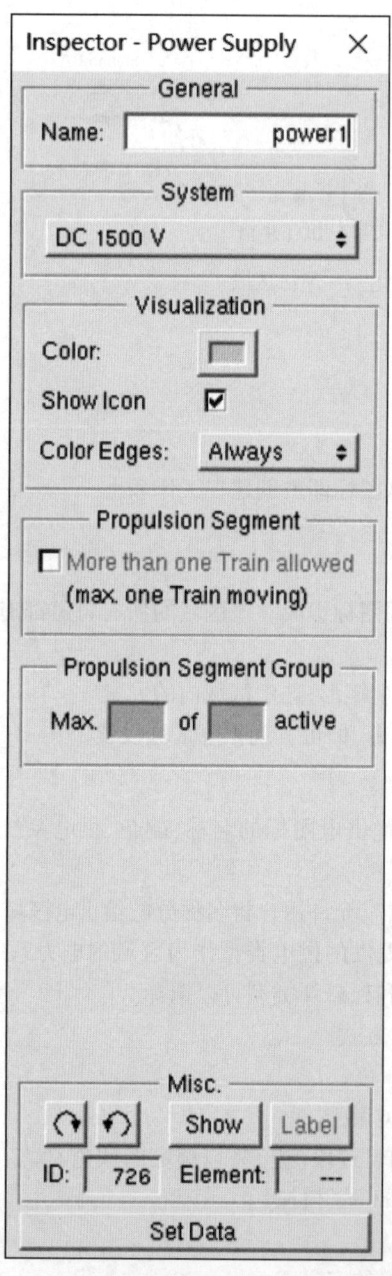

图 3-32 供电属性设置

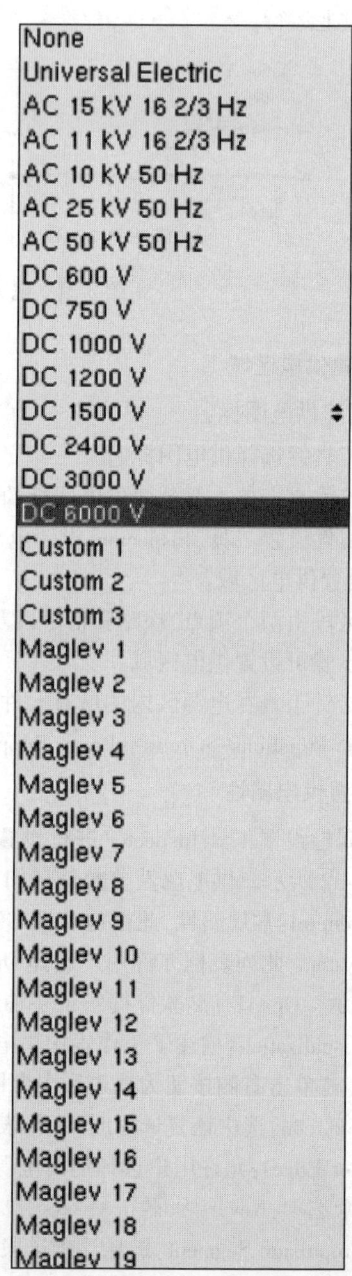

图 3-33 供电类型

3.8 测量窗口及辅助显示

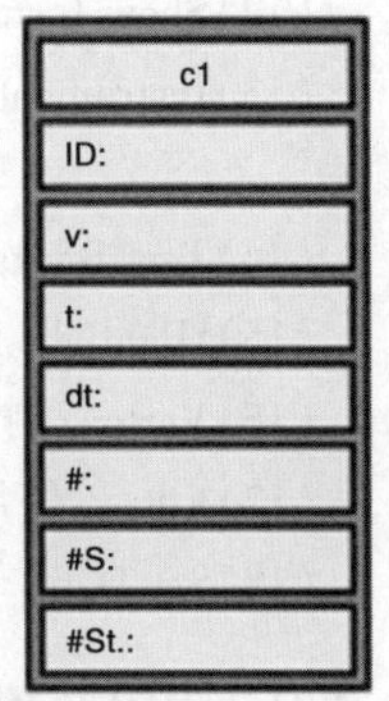

图3-34 测量窗口

OpenTrack的工作表区域可以插入测量窗口和绘图工具等辅助元素，在仿真过程中实时显示数据和图形。

3.8.1 测量窗口

测量窗口可以显示仿真过程中列车通过顶点的数据。用户可以在工作表中的任何顶点上放置测量窗口。测量窗口可显示运行线编号(车次号)、当前速度、前后列车通过该点的时间间隔等信息，如图3-34所示。通过双击窗口中的时间字段，可以在车头时距和通过时间(即列车经过该点的时间)之间更改测量窗口的时长显示。

1. 插入测量窗口

操作步骤如下：

(1)从工具栏中选择测量工具。

(2)单击要观测的顶点。

(3)创建测量窗口。

2. 设置测量窗口属性

通过测量窗口的Inspector-Instrument对话框设置其属性，如图3-35所示。可以设置测量窗口的名称和窗口中显示的信息等，还可以查看其绑定的顶点ID、轨道ID等信息。测量窗口的属性参数如下：

(1)Name：定义测量窗口名称。

(2)Show Name：选中此项，则显示测量窗口名称。

(3)Show Course ID：选中此项，则显示车次号。

(4)Show Speed：选中此项，则显示列车速度。

(5)Show Time：选中此项，则显示末班车通过时间。

(6)Show Headway：选中此项，则显示列车间隔。

(7)Show Number of Trains：选中此项，则显示通过测量窗口的列车数量。

(8)Show Number of Switch Op.：选中此项，显示道岔移动/操作次数(用于与道岔相关的测量窗口)。

(9)Show Number of Sig. Stops：选中此项，显示信号机处的非计划停车次数(用于放置在主信号机上的测量工具)。

(10)Data Collection：数据收集方向选择(None：未收集数据；Forward：正向收集数据；Backward：反向收集数据；Both：双向收集数据；Head：监控并记录过往列车的前部；Tail：监控并记录过往列车的后部)。

(11)Size-M：测量窗口的尺寸选择。

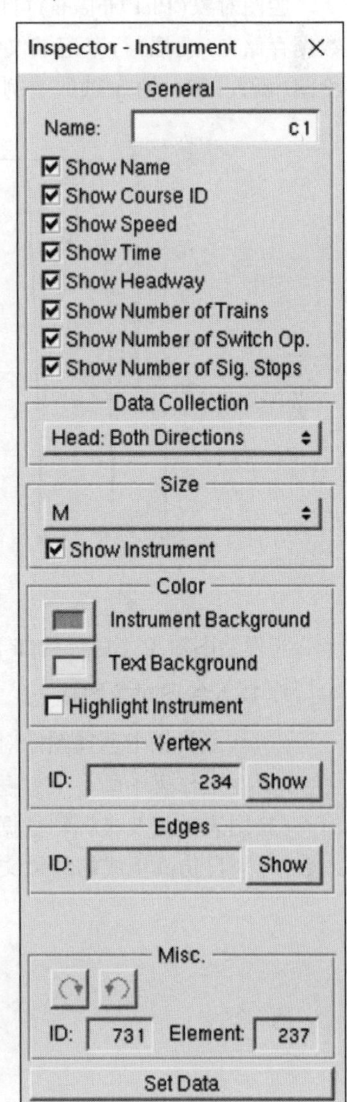

图3-35 设置测量窗口属性

(12)Show Instrument:选择此项,则显示测量窗口。

(13)Instrument Background:测量窗口背景色设置,可以单击颜色按钮,自定义测量窗口背景颜色。

(14)Text Background:显示文本区域颜色设置,可以单击颜色按钮,自定义文本显示区域颜色。

(15)Highlight Instrument:选择此项,则突出显示测量窗口。

(16)Vertex:测量窗口所在顶点的 ID。

(17)Edges:使用测量窗口评估的轨道 ID(OpenTrack 标准版中不可用)。

(18)Set Data:保存数据到文件。

3.8.2 绘图对象

绘图对象(Plot Objects)可以对仿真数据进行图形显示和评估。在仿真过程中,OpenTrack 将数据存储在(虚拟)行车记录仪中,可以应用绘图对象图形化显示仿真数据。绘图对象是一个包括绘图(函数)和 x 轴、y 轴的图例,如图 3-36 所示。

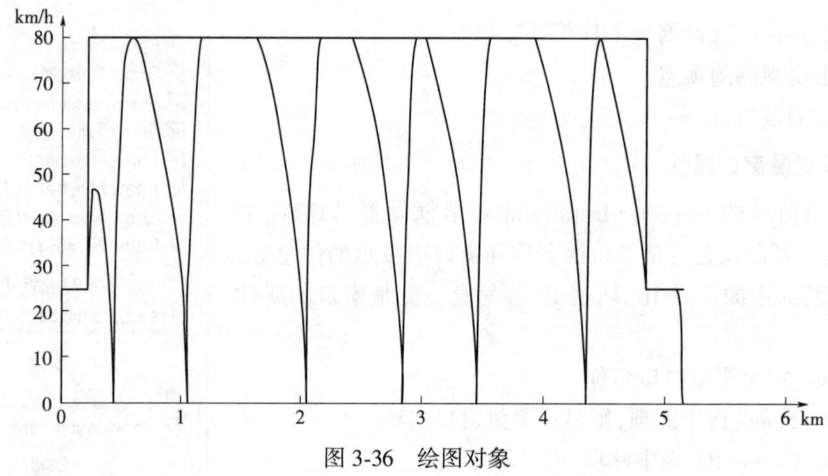

图 3-36 绘图对象

实现绘图对象使用过程如下:

1. 插入绘图对象图标

(1)从工具栏中选择图标对象。

(2)在工作表中画一个方框,即出现一个绘图图标,空绘图图表即被生成,如图 3-37 所示。

(3)图表数据及坐标轴数据可以通过拖、拉或单击 Inspector 属性编辑对话框中的 ADD 按钮加入数据(来自仿真生成的结果文件)。

图 3-37 插入绘图对象

2. 设置绘图对象属性

使用绘图对象的属性编辑工具(Inspector)设置图表属性,选中绘图对象后选择 Tools→Inspector 命令打开绘图对象属性对话框,如图 3-38 所示。

绘图对象属性如下:

(1)Plot:绘图对象可加载的数据文件列表。

- 双击 OD(Overwrite Data)选项,则在每次仿真结束后自动更新。
- 双击 PO(Plot Online)选项,则在仿真过程中自动生成图表。
- Add:单击此按钮可显示添加图表数据对话框,如图 3-39 所示,其中显示要监控的列车运行车次和要绘制的图表类型,这里允许用户在每个车次中选择插入预定义的功能(如距离/时间图、速度/距离图等)。

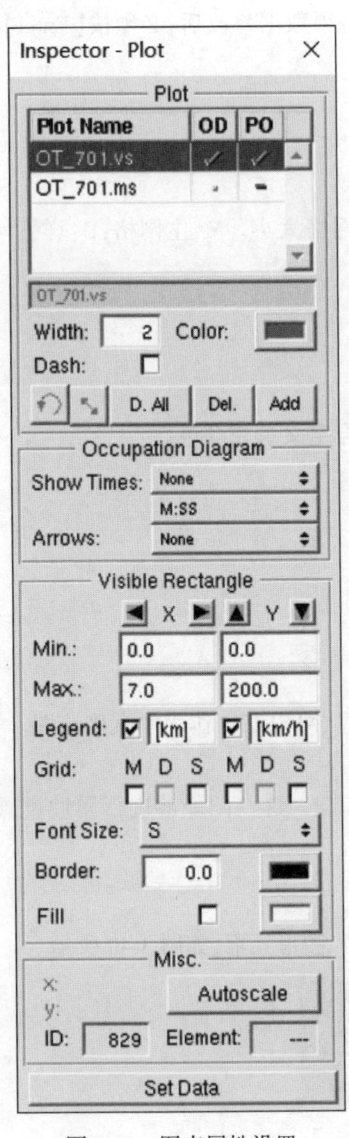

图 3-38　图表属性设置

图 3-39　添加图表数据项

- Del.：删除图表中选中的数据项。
- D. All：删除图表中的所有数据项。
- Width：所选绘图对象的线宽。
- Color：所选绘图对象的颜色。
- Dash：虚线。
- ：旋转指定图例。
- ：将选定图例指定给其他坐标轴。

(2) Occupation Diagram：

- Show Times：显示时间选择，可以在下拉框中选择显示时间类别，包括到达、出发等。
- Arrows：显示箭头选择，在后面的下拉菜单中选择。

(3) Visible Rectangle：图表属性设置对话框。提示：在每项数据修改后，必须按【Enter】键保存修改数据。

- Min. X、Min. Y：图表中坐标轴最小值。
- Max. X、Max. Y：图表中坐标轴最大值。
- Legend. X、Legend. Y：坐标轴单位。
- Grid：图表中是否应用网格填充，可以根据需要选择网格大小。M：主网格；D：详细网格；S：车站网格。
- Font Size：字体大小。
- Border：图表边框宽度。
- Border color：图表边框颜色。
- Fill：选择此项，则图表中应用彩色填充，应用颜色框自定义填充颜色。

(4) Misc.：其他项信息。

- Autoscale：自动调整图表纵横向比例。
- ID：OpenTrack 元素 ID。

(5) Set Data：保存修改数据。

3.8.3 图形元素

用户为了更直观地查看铁路网络或者添加某些重要信息，可以在工作表中直接绘图。这些图仅是增加直观效果，不影响仿真数据。

OpenTrack 程序提供三种常用的绘图工具：直线、矩形和圆。这些图能够进行属性设置，如大小、线宽、颜色等。这三个绘图工具在工具栏中均有图标。

1. 插入图形元素图标

在工具栏中选中图形元素工具，在指定位置插入图形元素，如图 3-40 所示。

图 3-40 插入图形元素

2. 设置图形元素属性

使用图形元素的属性编辑工具设置其属性,如图 3-41 所示。可以设置图形元素的边框粗细、边框颜色、填充颜色、尺寸、坐标等属性。

3.8.4　图像及文本框

在工作表中,可以插入文字,文字能够任意放置和调整,文字的字体、大小、文字格式等均能够修改。

1. 插入文本框

在工具栏中选中文本框工具,在指定位置插入文字,如图 3-42 所示。

2. 设置文本框属性

使用文本框的属性编辑工具设置其属性,如图 3-43 所示。

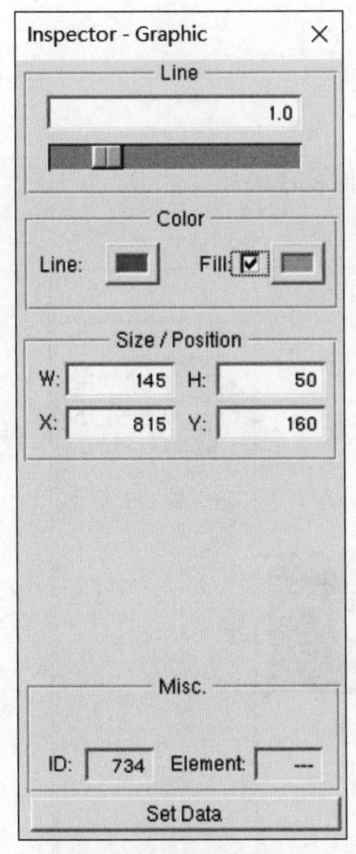

图 3-41　设置图形元素属性

图 3-42　插入文本框

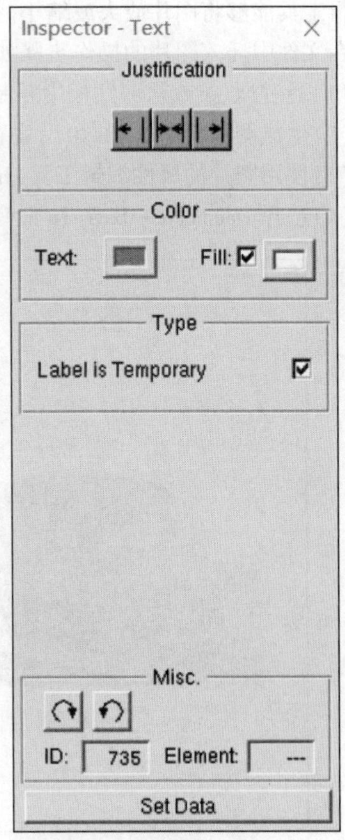

图 3-43　设置文本框属性

3. 设置文字的格式

选择 Format→Font 命令可以设置文字的字体、大小、文字格式等;选择 Format→Text 命令可以设置文字的对齐方式,如图 3-44 所示。

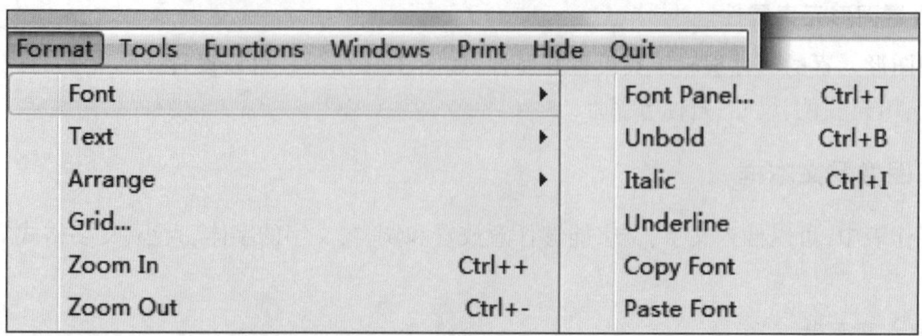

图 3-44 设置文字格式

4. 插入图片

OpenTrack 程序允许用户直接输入像素或位图(如 . tiff、. eps、. bmp、. jpeg、. gif),且通过图片属性编辑工具能够将图片放大或缩小。

在文件中插入图片的操作步骤如下:

(1)通过拖、拉或从剪贴板中复制图片到工作表中。

(2)生成图片(图片以原始尺寸显示)。

(3)使用图片的属性编辑工具(Inspector)设置其属性,如图 3-45 所示。

(4)选择 Document→Save To 命令,将图片保存至文件中。

图 3-45 设置图片属性

3.9　实践案例建模结果

本章中给出的实践案例,基础设施建模结果如图 3-46 示。

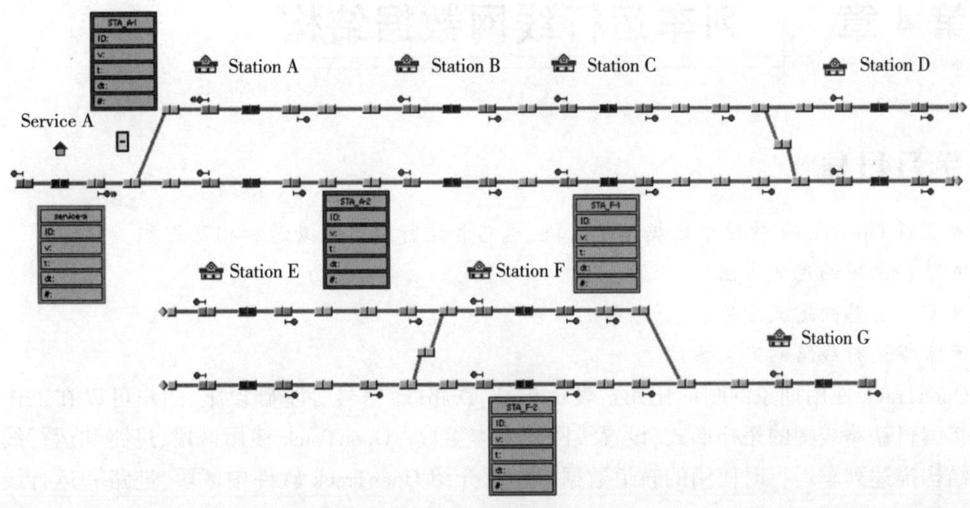

图 3-46　实践案例建模结果

习题

1. 简述铁路基础设施建模的流程和需要的基础数据有哪些。
2. 简述使用图像化工具建立铁路路网模型的过程。

第 4 章　列车运行线网数据结构

学习目标

- 了解 OpenTrack 软件中数据结构区段、进路和运行线路的概念和相互关系。
- 掌握区段的定义方法。
- 掌握进路的定义方法。
- 掌握运行线路的定义方法。

OpenTrack 使用抽象的图形化元素表示车站、铁路线、信号等基础设施，用户可以在工作表区域直接编辑铁路线网的拓扑形式，设置线网的基本参数。OpenTrack 使用区段、进路和运行线路等数据结构描述列车运行时使用的轨道数据。本章介绍 OpenTrack 软件中区段、进路和运行线路的数据结构定义和管理方法。

4.1　列车运行线网数据结构表达

OpenTrack 使用抽象的图形化元素表示车站、铁路线、信号等基础设施，用户可以在工作表区域直接编辑铁路网的拓扑形式，设置线网的基本参数。OpenTrack 使用区段、进路和行车线路等数据结构描述列车运行时使用的轨道，这些数据结构位于不同的层次，包含不同类型的信息，存储在特定的数据结构中，如图 4-1 所示。

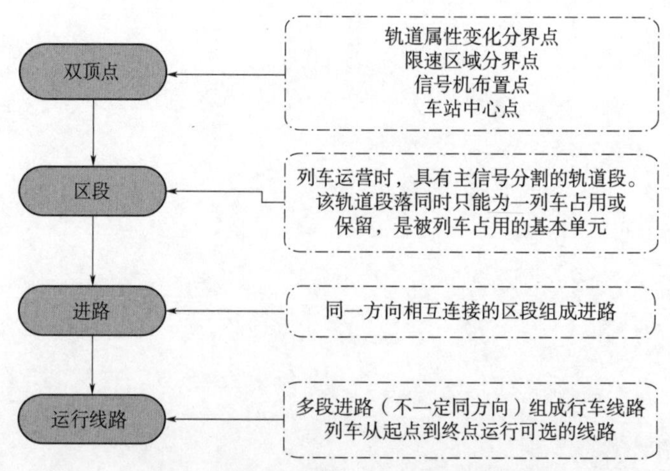

图 4-1　区段、进路与运行线路之间的关系

(1)区段(Route)：处于列车运营线路的最低层次，由一系列相同行进方向的相互连接的顶点

(Vertexes)和轨道(Edges)组成。区段和折返(Shuntings)不仅用于描述轨道线路的基础,还是构成列车运行安全区段的基本单位。

(2)进路(Path):处于描述列车运行的第二层次,由一个行进方向的 $1\sim n$ 区段组成,可以理解为一组经常一起使用的区段(例如,从一个车站的出口信号机到下一个车站的出口信号机的所有区段)被连接起来形成进路。

(3)运行线路(Itinerary):处于描述列车运行行程的最高层次数据结构,由一系列进路组成,可将其直观地理解为列车从起点至终点之间的可选路线。在仿真过程中,列车会得到一个运行线路列表,每个运行线路都有优先级。列表中包含了列车可能行驶的所有路线,在仿真过程中列车始终选择具有最高优先级的可用运行线路(未占用或未预留给另一列车的线路)。

4.2　区　　段

4.2.1　区段的概念

区段(Route)由 $2\sim N$ 个双顶点及双顶点之间的轨道组成,被主信号分割的轨道段在列车运营时,该轨道段同时只能为一列车占用或保留,是被列车占用的基本单元。区段的起讫点是主信号(进站信号、出站信号或闭塞信号),如图 4-2 所示。区段属性包含信号转换时间、信号显示状态、区段释放范围和限速等,可以通过区段属性编辑工具 Route Inspector 进行设置。

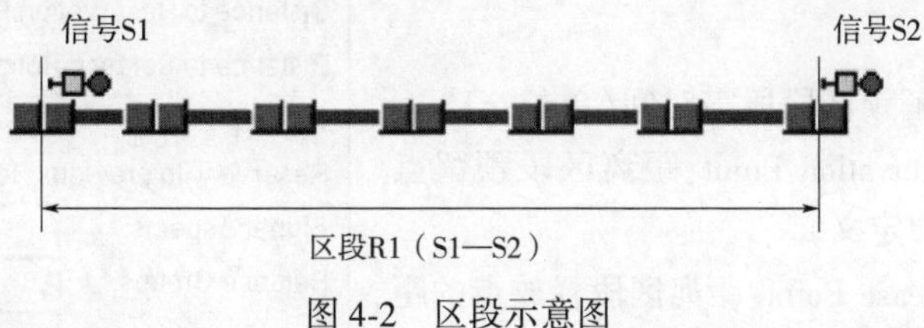

图 4-2　区段示意图

在仿真过程中,如果一列列车需要一个区段,则只有当该区段没有被另一列列车占用或预留,并且属于该区段的某一轨道也没有被预留或占用时,该区段才会被预留给该列车。只有列车全部通过该区段(或区段组)的解锁点,且解锁完成后,该区段才可供另一列车使用(这相当于闭塞分区)。

4.2.2　区段建立

在确保线路建模和参数正确有效时,OpenTrack 软件可以从主信号开始在轨道线网布局中自动搜索以该主信号为起点的区段。自动搜索和选择有效区段的步骤如下:

(1)通过工具栏中的指针工具选择区段起点的主信号机。

(2)打开区段对话框(选择 Tools→Routes 命令),或者右击区段,从弹出的快捷菜单中选择 Routes 命令,如图 4-3 所示。

(3)单击 Search 按钮开始搜索所有起始于该主信号灯的区段,并显示在区段对话框的列表中(显示从该信号到下一个同方向信号之间的所有区段)。

(4)选择列表中的一个区段[在工作表区域,被选区段(包括对应的顶点和轨道)颜色会增亮,一般显示为红色]。

(5)单击 Fetch 按钮或双击选中的区段,则该区段进入确认的区段列表中,被选中的区段相关数据信息即被显示在对话框下面列表中,建立好的区段(Route)描述信息显示在对话框下面。

区段建立对话框信息如下:

(1)Routes 选项板:Route 窗口和 Shunting 窗口选择菜单。

(2)Search 按钮:单击此按钮将从选定顶点出发的所有区段搜索出来显示在上面列表中。

(3)Fetch 按钮:单击此按钮会将上面列表中的选定区段输入到下面的区段列表中。

- Route Name:区段名称。
- Description:区段信息描述。
- Length:区段长度。
- Avg. Grad. :平均坡度(单位‰,根据轨道长度及坡度计算)。
- Reserve Time:锁定区段所需时间(单位:s)。
- Max. Switch Time:区段上道岔的最大转换时间(单位:s)。
- Release Time:解锁区段所需时间(单位:s)。
- Distance to Reservation Point:距离区段预留点的距离(自动或者用户定义)。
- Distance to Release Point:距离区段释放点的距离(列车尾部通过此点时,区段释放过程开始)。
- Overlap:区段允许重叠分配(可选项)。
- Resserve with previous Route:选择此项时,如果列车运行前方的区段为此列车开通运行(即被锁定),则此区段也被锁定。
- Signal Aspects:信号显示。
- Release Groups:区段释放范围(所有轨道被同时释放);软件默认的是所有轨道同时被释放。

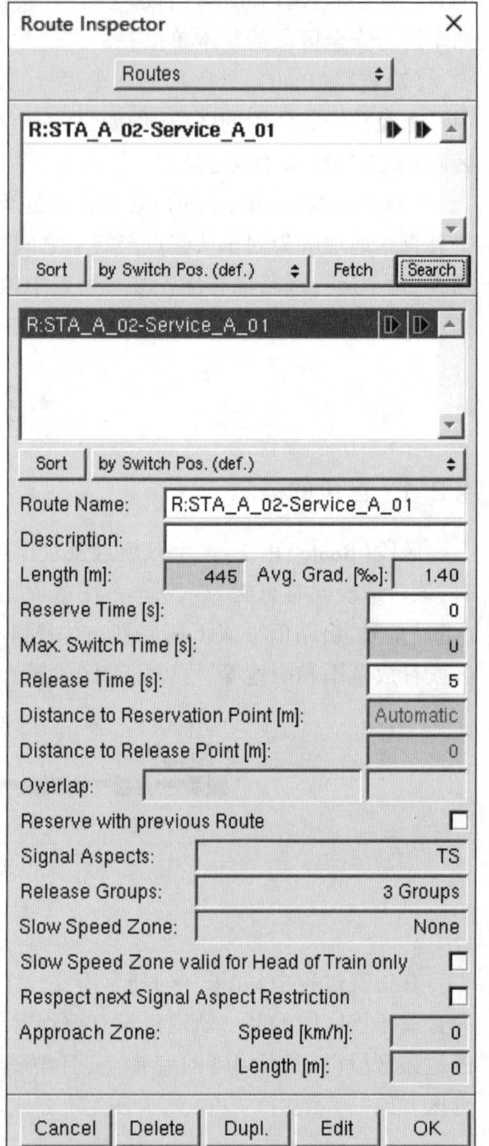

图 4-3 区段建立对话框

- Slow Speed Zone:隶属于此信号的轨道限速运行,程序默认值为区段内所有轨道。
- Slow Speed Zone valid for Head of Train only:选择此项则限速仅针对列车头部,否则整列车限速通过该区段。
- Approach Zone:在主信号之前,可以定义一个接近区段和接近速度,使得列车在接到信号显示停止时,必须减速至接近区段的接近速度。通过区段速度和区段长度属性来设置。OpenTrack 对区域速度使用默认值 0 km/h,对区域长度使用默认值 0 m。0 km/h 的区域速度意味着该路线没有减速区。

Speed:接近区域速度(单位:km/h)。

- Length:接近区域长度(单位:m)。
- Cancel:取消设置。
- Dupl.:复制被选择的区段。
- Edit:打开区段属性编辑窗口。
- Delete:删除从列表中选中的区段。
- OK:保存设置。

注意:如果轨道线路长度为零,或者参数设置不对,区段(Route)将无法自动建立。

4.2.3　区段属性编辑

可以通过以下两种方式打开区段属性编辑对话框(Route Inspector-Edit),设置区段属性:

(1)选择 Tools→Routes 命令,可以打开区段属性编辑对话框,如图 4-4 所示。

(2)在图 4-3 中,单击 Edit 按钮,也可以打开区段属性编辑对话框。

在 Route Inspector-Edit 对话框中,区段属性除与图 4-3 中相同的属性参数外,增加了以下内容:

- Discrete for Mov. Block Operations:使用移动闭塞规则锁定此区段。
- Allow Entry in occ. Block:选择此项时,列车被允许进入已经被占用的区段。
- Speed Restriction:列车进入被占用区段时的限制速度(单位:km/h)。
- Stop Time:列车进入被占用区段前需要等待的时间(单位:s)。
- Overlap:单击 Chang 按钮可以设置或改变区段的重叠设置。

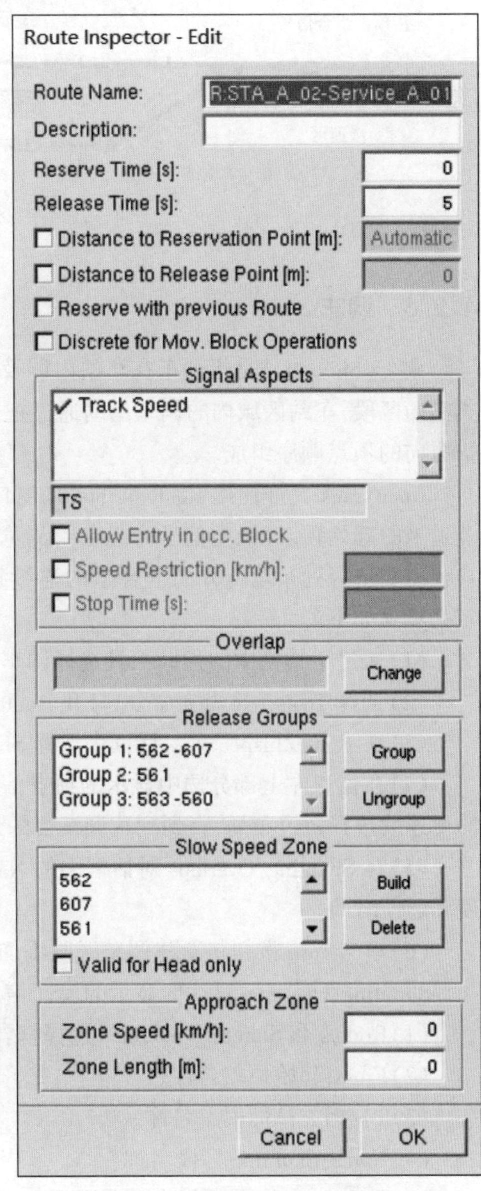

图 4-4　区段属性编辑对话框

4.2.4　防止区段死锁

在 OpenTrack 中,没有真实的闭塞设备用于防止两辆相向行驶的列车,欲使用同一区段时形成死锁问题,而是通过在区段属性中添加 Reserve with Previous 来预防死锁问题。当区段选择了 Reserve with Previous 属性时,只有在下一个进路区段也可以为该列车预留的情况下,第一个进路区段才可以为该列车锁定,放行该列车,或者是下一个区段有列车与请求列车同向行驶的情况下,才能为该列车锁定第一个进路区段。

4.2.5 慢速区

如果在一个区段的起点处有限速信号指示,可通过慢速区(Slow Speed Zone)来定义。默认情况下,限速从信号灯的位置开始。这条规则对于 SBB(Schweizerische Bundes Bahnen,瑞士联邦铁路信号系统)进站信号来说是正常的,但在路网中的某些位置,限速仅适用于车站的第一个道岔,图 4-5 说明了这种情况。限速只适用于车站的第一个道岔处,而不适用于主信号(图的左侧)。

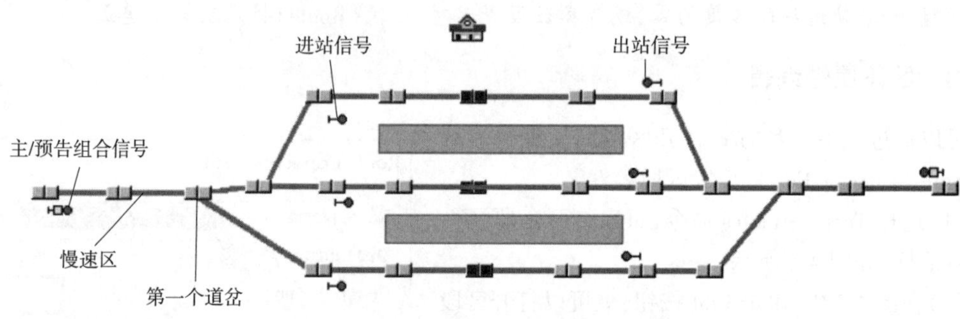

图 4-5 列车进站前的慢速区

4.2.6 调车

调车(Shunting)是指列车在车站内涉及方向变化的运动。OpenTrack 将调车定义为一种特殊类型的区段,车站区域内的调车运动通过把列车调到另一轨道上转轨进行建模。转轨由一系列行进方向的顶点顺序组成。

OpenTrack 允许使用 Route Windows 窗口中 Shunting 菜单定义调车作业,用户可以选择调车作业适当的起始顶点(以主信号为起点),浏览器会自动搜索到一系列始于当前顶点的后续顶点,用户仅需要选择列车运行方向上合适的连续顶点,依次顺序持续下去,直到定义了整个调车运动。定义步骤如下:

(1)通过工具栏中的指针工具选择调车作业的起始顶点。

(2)选择 Tools→Routes 命令,打开 Route Inspector 对话框,见图 4-3。

(3)在 Route/Inspector 对话框中选择 Shunting/Overlaps,如图 4-6 所示。

(4)在窗口左上部分选中显示的顶点信息,则右侧窗口中会显示此顶点的后继可用顶点,根据需要连续选择轨道布局,直到到达调车目的地。

(5)在 Shunting/Overlaps 对话框中的 Name、Speed 和 Release Time 中记录调车区段的名称、速度和解锁时间。

(6)单击 New 按钮将新建调车区段添加到调车列表中。

Shunting/Overlaps 对话框显示的属性信息如下:

(1)Routes 和 Shunting/overlaps 选择框:在 Route Window 和 Shunting Window 之间进行切换。

(2)From:起始顶点名称。

(3)To:相关目标顶点名称。

(4)Name:Shunting 区段名称。

(5)Default:单击此按钮自动生成 Shunting 名称(基于起点和终点的名称)。

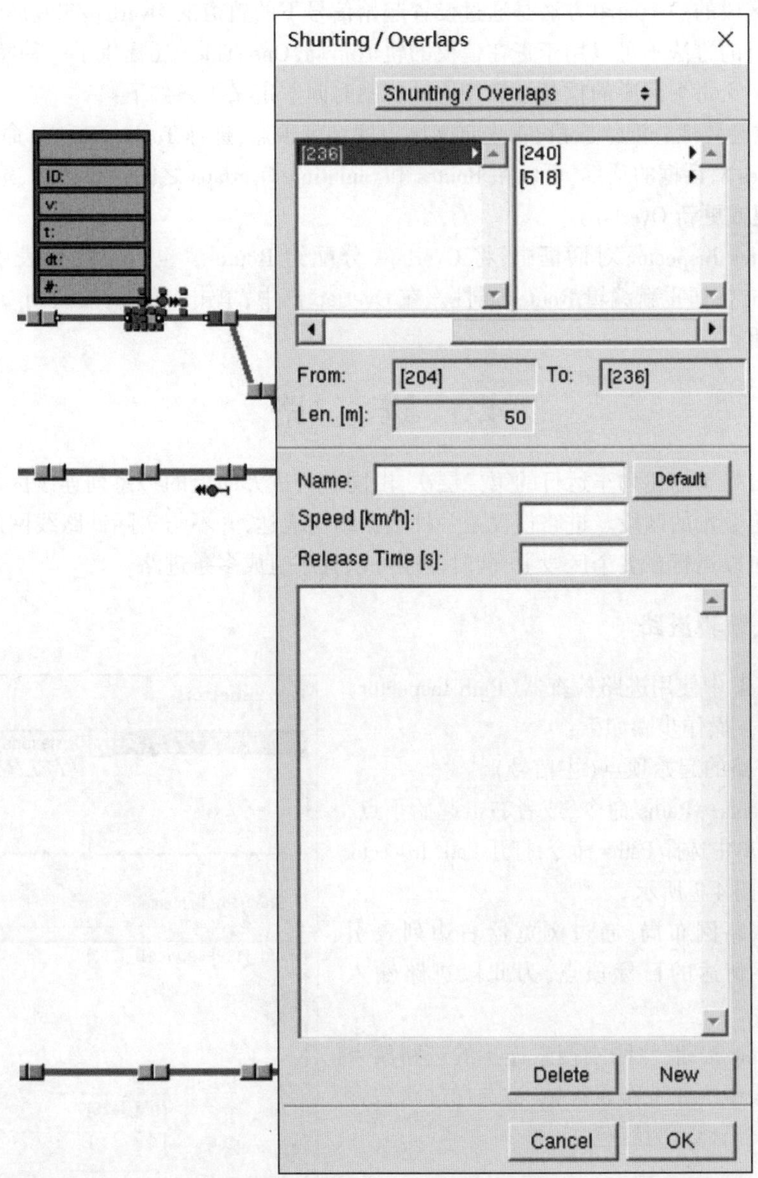

图 4-6　Shunting/Overlaps 对话框

(6)Speed：调车速度。

(7)Shunting 列表框：列出已经选择，属于所选起点的所有 Shunting。

(8)Delete：从列表中删除所选 Shunting。

(9)New：将浏览器中选择的 Shunting 放到调车列表中。

4.2.6　重叠区段 Overlaps

创建重叠意味着在列车通过后不会立即释放区段。当创建了重叠时，如果列车停车，例如车站停车，则不会立即释放重叠区段，而是仅在用户定义的重叠区段解锁时间之后才释放重叠区段。

创建重叠区段的一个简单方法是通过设置起始信号下的轨道的 Overlap/Slip 属性来实现。如果这种定义重叠的方法不足以用于正在建模的轨道布局,OpenTrack 还提供了一种特殊的工具,使用户可以自由定义每个区段的重叠性和相应的解锁时间。定义步骤如下:

(1)要将重叠属性分配给区段,首先定义区段的结束顶点,选择 Tools→Routes 命令打开 Routes 对话框,在 Routes 对话框的顶部,可以在 Routes 和 Shunting/Overlaps 之间进行选择,选择 Shuntings/Overlaps 以创建或更新 Overlaps。

(2)在 Routes Inspector 对话框中,将 Overlaps 分配给 Routes。也可以在列表中选择适当的 Routes,单击 Edit 按钮重新编辑 Routes 属性。在 Overlap 框中,单击 Change 按钮则 OpenTrack 显示出所有可能的重叠。

4.3 进　　路

进路(Path)处于描述列车运行的第二层次,由同一行进方向上的一系列连续区段组成。进路中可以包含不定数量的区段。进路仅仅是一种数据结构表达,并不与实际铁路线网的任何元素对应,而且,列车可以运行在多个区段上,同时区段可以有序组成多条进路。

4.3.1 定义、编辑进路

在 OpenTrack 中使用进路检查器(Path Inspector)定义、编辑进路。操作步骤如下:

(1)选择进路的起始顶点(主信号)。

(2)选择 Tools→Paths 命令,或者右击起始顶点,在弹出的快捷菜单中选择 Paths 命令,打开 Path Inspector 编辑对话框,如图 4-7 所示。

(3)基于铁路网布局,通过浏览器右边列表引导,直至用户要到达的目标顶点,为此段进路输入名称。

(4)单击 New 按钮,将刚刚搜索连接的进路放入下面的进路列表中。在工作表区域,被选择进路包含的所有顶点会突出显示为红色。

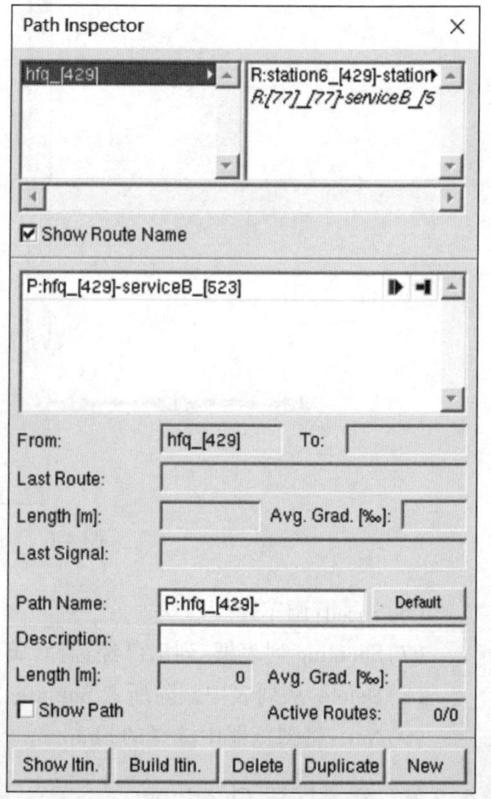

图 4-7　进路编辑对话框

4.3.2 进路属性编辑

OpenTrack 软件允许用户使用 Path Inspector 工具定义 Path,编辑属性。可以选择 Tools→Path 命令,打开 Path Inspector 对话框。设置内容如下:

(1)Path 列表框:可以浏览铁路网络,显示从起始顶点开始所有可能的路线。

(2)Show Route Name:在进路浏览器中显示区段名称。

(3)Path 列表框:基于起始点的所有当前定义的进路。

(4)From:进路起始顶点。

(5)To:进路目标顶点。

(6)Last Route:最后一个区段的名称。

(7)Length:最后一个区段长度(单位:m)。

(8)Avg. Grad.:进路的平均坡度(‰)。

(9)Last Signal:进路中最后一个区段的起始信号名称。

(10)Path Name:进路名称(用户可以定义)。

(11)Default:单击此按钮自动生成进路名称。

(12)Length:被选择的进路长度。

(13)Avg. Grad.:被选择进路的平均坡度(‰)。

(14)Show Path:被选择的进路中闪烁显示。

(15)Active Routes:当前进路包含的所有在打开文件中的区段数量。

(16)New:增加新建进路至进路列表中。

(17)Duplicate:复制选择的进路。

(18)Delete:从列表中删除选择的进路。

(19)BuildItin.:单击此按钮,创建基于选择进路的行车线路。

(20)ShowItin.:使用所选进路在行程面板中选择所有活动行车线路。

4.4　运行线路

运行线路(Itinerary)是OpenTrack软件中描述列车运行基础设施定义的顶层数据结构,由一条或几条连续的进路组成,运行线路所包含的进路不一定是相同方向。运行线路是模拟列车行程的,并不与实际铁路网络布局相对应。

运行线路分为两种类型:全程线路和局部线路。全程线路描述路网中一条从起点到终点的完整路径,例如起始站A到终点站D,中间通过一系列车站;局部线路仅描述部分线路,例如在起始站A到终点站D的全行程中的从中间站B到中间站C的局部线路,局部线路可以用作“主要”线路的备选方案,并可以分配优先级(如优先级2或优先级3)。

OpenTrack在仿真过程中列车实际使用哪条运行线路,主要取决于运行线路的优先级,列车运行总是选择优先级最高的可用运行线路(没有被其他列车占用或者未预留给其他列车的运行线路)。

4.4.1　运行线路信息

选择Tools→Itineraries命令可以打开运行线路(Itinerary)对话框,如图4-8所示运行线路对话框列出了OpenTrack定义的所有运行线路的名称,在对话框中选择某个运行线路时,该线路的特征(例如长度)将显示在相应的字段中。可单击New按钮添加新运行线路到列表中,或者单击Edit按钮编辑某条选中运行线路。

运行线路对话框的信息描述如下:

(1)Itinerary列表:运行线路列表(整个应用范围内的)。

(2)Show Itinerary:选中此项,则在工作表中高亮度显示选中的运行线路。

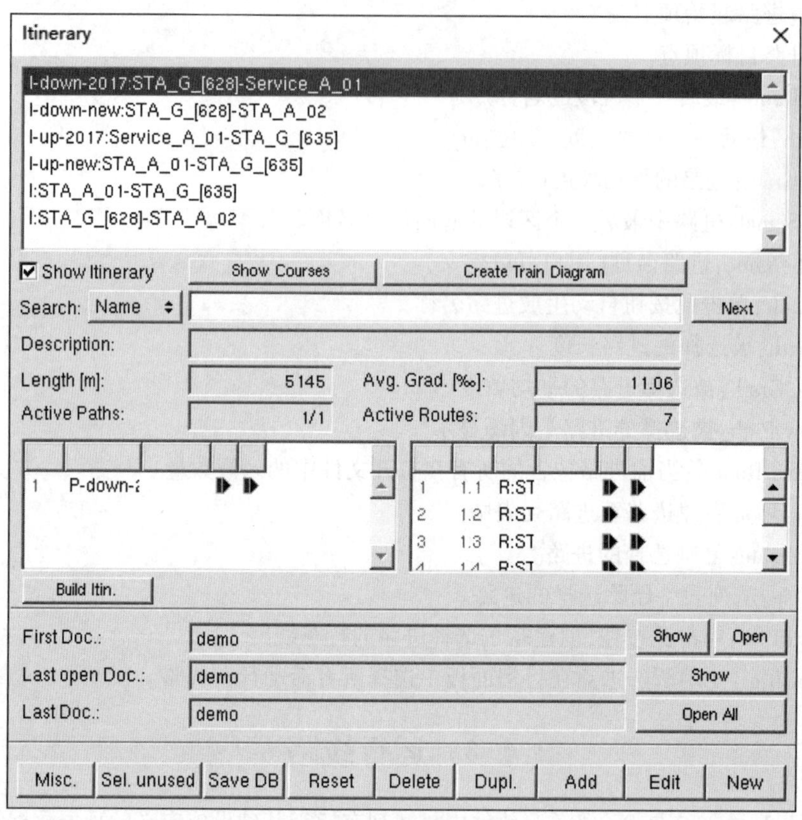

图 4-8　运行线路属性编辑对话框

(3) Show Courses：显示使用选定运行线路的所有车次。

(4) Create Train Diagram：为所选运行线路生成列车运行图，使用该功能需要将相应运行线路的基础文件打开。

(5) Search：输入运行线路名称搜索运行线路列表。

(6) Description：所选运行线路的描述（可选）。

(7) Length：运行线路长度（单位：m）。

(8) Avg. Grad.：选择运行线路的平均坡度（‰）。

(9) Active Routes：运行线路中活动状态的区段数量。

(10) Active Paths：运行线路中活动状态进路数量。

(11) Path 列表：运行线路中包含的所有进路的列表。

(12) Route 列表：运行线路中包括的所有区段的列表。

(13) First Doc.：运行线路起始顶点所在文件的文件名。

(14) Last open Doc.：被选择的运行线路，其尾部处于激活状态区段所在文件的文件名。

(15) Last Doc.：运行线路最终顶点所在文件的文件名。

(16) New：创建新运行线路。

(17) Edit：编辑被选择的运行线路。

(18)Add:添加一个运行线路至既有运行线路中。

(19)Dupl.:复制被选择的运行线路。

(20)Delete:删除选中的运行线路。

(21)Reset:删除列表中未被激活的条目(不是运行线路)。

(22)Save DB:运行线路数据写入数据库。

(23)Sel. unused:选择表中未被任何列车(Tool→Courses)使用的所有运行路线。这有助于轻松删除未被任何列车使用的所有运行线路。

4.4.2　创建新运行线路

为了创建新的运行线路,可单击图 4-8 底部的 NEW 按钮,将打开如图 4-9 所示的新建运行线路对话框,该对话框允许用户将一系列进路串成一个运行线路。

新建运行线路对话框由上、下列表框组成。上部列表框显示构成运行线路的进路。开始定义新运行线路时,列表框将显示从起始顶点开始的所有可用进路(包括从 Shuntings 自动生成的进路)。

新建运行线路对话框上部的列表框中每行末尾的数字显示所选进路在列表框中的进路顺序,双击列表框中的进路可以从运行线路中删除。

新建运行线路对话框下部列表(Suggested Continuation 列表)框显示可从当前运行线路终点添加到该运行线路的所有可能进路的列表。双击 Suggested Continuation 列表框中的相应条目,即可将进路添加到运行线路中。OpenTrack 仅在 Suggested Continuation 列表框中列出允许的进路,也可通过搜索找到可选择的进路。

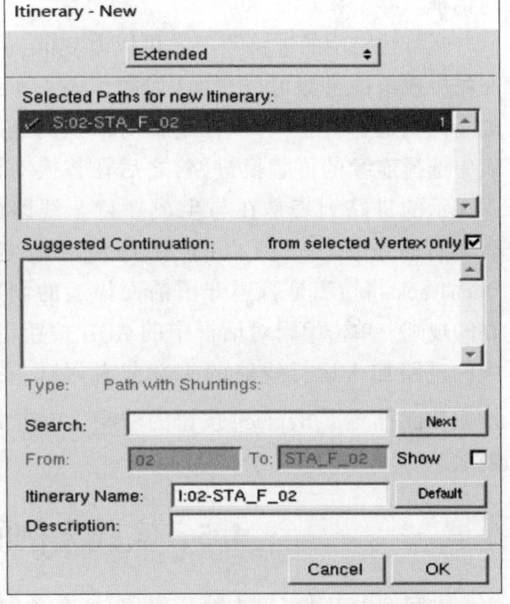

图 4-9　创建新的运行线路

通常情况下,进路 n 的最后一个顶点与进路 $n+1$ 的第一个顶点是相同的,但在回退的情况下,情况并非如此。如果进路 $n+1$ 的第一个顶点位于进路 n 的最后一条路线/分流上,则允许回退,改变方向后的第一条进路在进路列表中会有回退符号(o↔O)。

用户可以使用对话框底部的文本字段为运行线路设置名称,默认的名称是“运行线路起点-运行线路终点”的 ID。

新建运行线路对话框上部有两个选项:扩展模式和简化模式。扩展模式的工作方式如上所述。在简化模式中,可以从起点选择进路(类似于进路定义过程),这使得创建新的运行线路很容易。但是,无法在简化模式下定义折返。

在运行路线属性编辑对话框中,单击 New 按钮添加新运行路线至列表中,如图 4-9 所示。操作步骤如下:

(1)选择运行线路的起始顶点。

（2）选择 Tools→Itineraries 命令打开运行路线编辑工具，将显示所有已经定义的运行线路，如图 4-9 所示。

（3）创建新行车线路对话框由上部列表框和下部列表框组成。上部列表框显示构成运行线路的路径。当开始定义新运行线路时，此列表框显示从起始顶点开始的所有可用进路（包括调车生成的进路）。

4.4.3 运行线路编辑

在图 4-8 中选中预编辑的运行线路，单击底部的 Edit 按钮，打开如图 4-10 所示的运行线路编辑对话框。

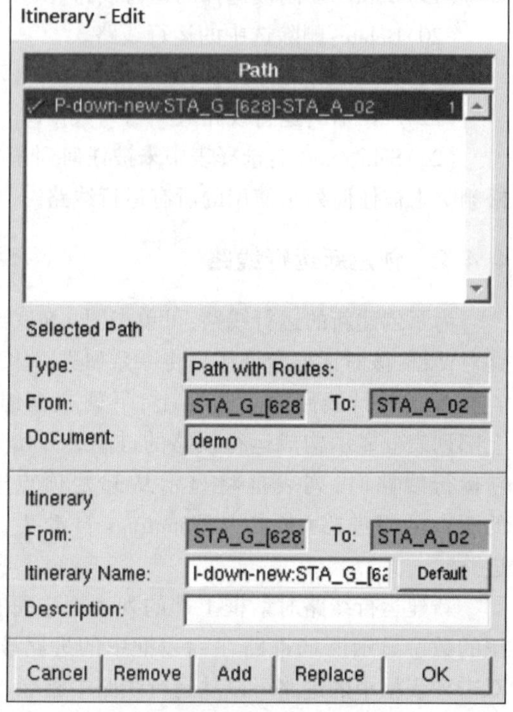

图 4-10 编辑某条运行线路

运行线路中的进路顺序是可以改变的，例如，车站中成组的进路可以交换（如列车进入车站内的不同轨道）。用户可以在编辑对话框的进路列表中选择连续的可替换进路，之后在替换对话框中显示的进路列表是在与生成新行车线路的列表相同的系统之后建立的，在替换进路之前，OpenTrack 将检测是否遵守了前面描述的创建进路的规则。单击编辑对话框中的 ADD 按钮，将选中的进路加入运行线路的头部或者尾部。ADD 按钮功能补充了 Replace 按钮的功能。单击 Remove 按钮可以将运行线路头部或者尾部的进路删除。

4.5 实践案例的运行线网数据模型

本案例中正线是双向轨道线路，列车单向行驶，只需建立上下行两条运行线路供列车运行。线网数据结构包括 Route、path 和 Itinerary 三层，过程如下：

1. 建立 Route

首先选中线路的起讫点信号机，即选择左边第一个信号机，右击，从弹出的快捷菜单中选择 Route 命令，快速进入 Route Inspector 对话框，如图 4-11 所示，单击 Search 按钮，选择合适的 Route 区段，单击 Fetch 按钮，则此 Route 创建成功，依此类推，建立整个线路的各个 Route 数据。

注意：每个信号机对应的 Route 都需要依次创建。

2. 建立 path

同样选中线路的起讫点信号机，即选择左边第一个信号机，右击，从弹出的快捷菜单中选择 path 命令，快速进入 path 编辑对话框，在右上侧窗口中双击选择后继的 route 区段，如图 4-12 所示，可以在工作表区域中观察到选中的 route 区段颜色变红色，连续操作直到将列车计划运行的线路连接完成后，单击 new 按钮，创建好的 path 将在中间的窗口中列出。

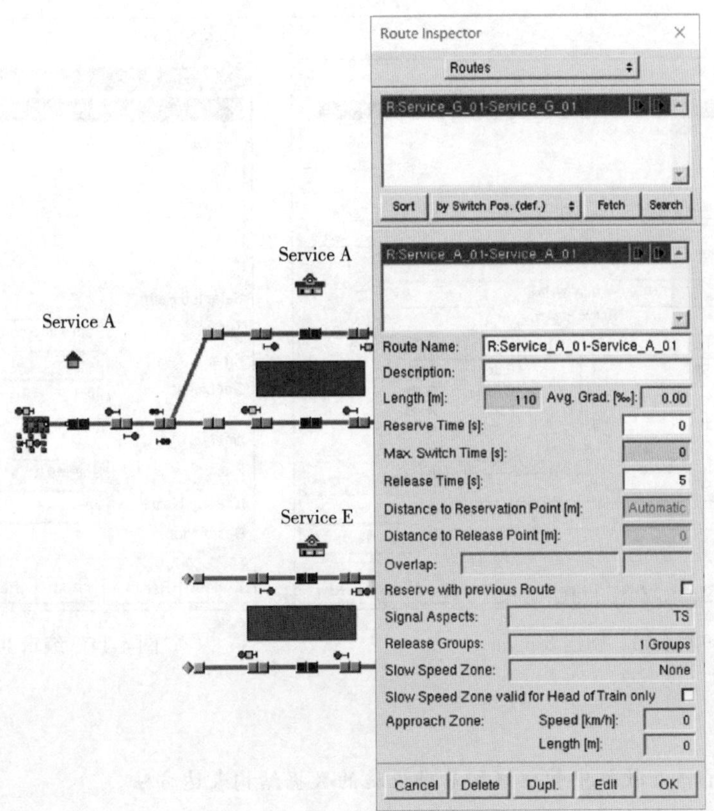

图 4-11　Route Inspector 对话框

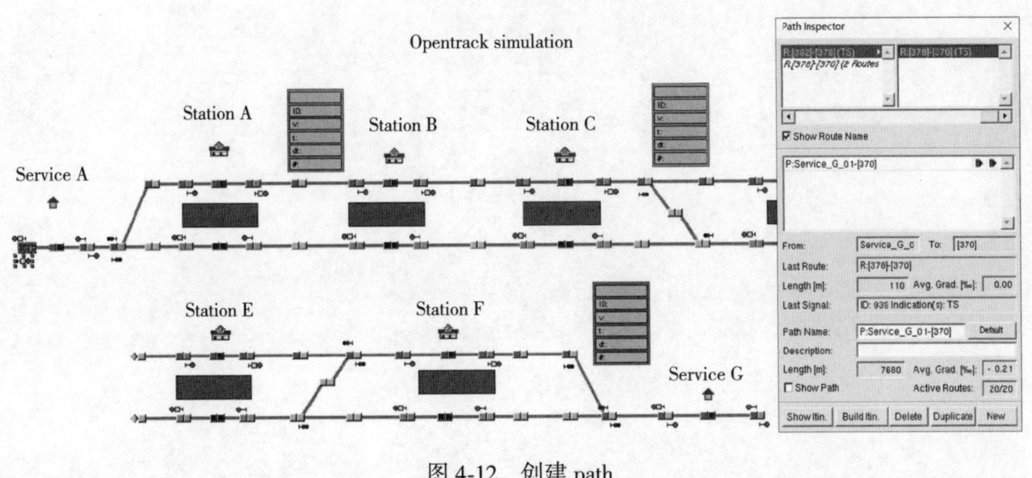

图 4-12　创建 path

3. 创建 Itinerary

完成一个运行方向的 path 创建后,可以直接单击 Build Itin 按钮,将此 path 建立成为 Itinerary,进入 Itinerary 对话框(见图 4-13),单击 Edit 按钮可以编辑 Itinerary,如图 4-14 所示。同样可以创建另一方向的运行线路。

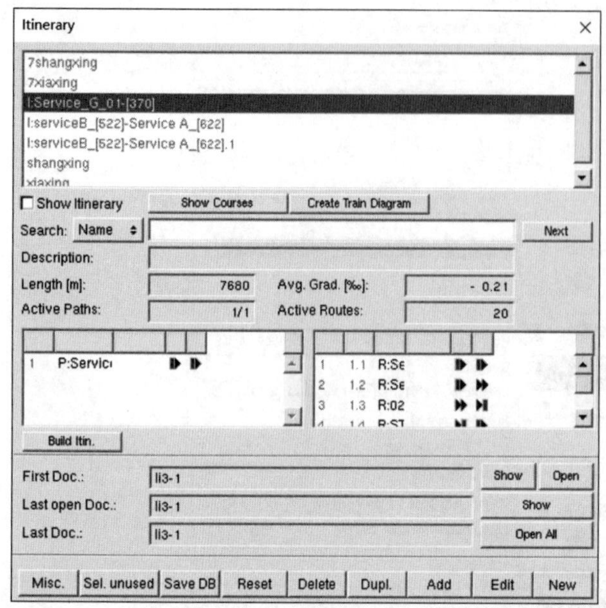

图 4-13　创建 Itinerary

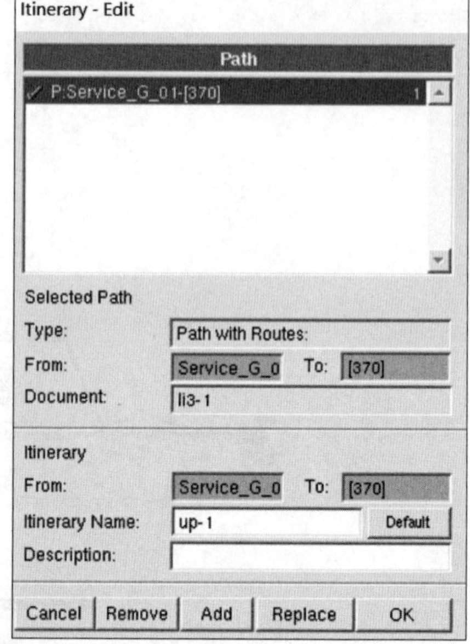

图 4-14　编辑 Itinerary

1. 简述 OpenTrack 软件中管理线网基础设施的数据结构表达方法。
2. 简述运行线路的创建方法。
3. 简述区段、进路和运行线路之间的关系。

第 5 章　列车数据管理

学习目标

- 了解列车建模基本流程和基本参数。
- 了解 OpenTrack 软件中列车的分类、机车和拖车的作用。
- 了解机车的牵引数据和特征曲线,掌握机车的建模方法。
- 了解列车阻力的计算方法。

列车是轨道交通中载客或载货的重要移动设备,列车的数据是仿真运行过程的重要因素。本章介绍 OpenTrack 软件中列车的分类和数据管理办法、列车建模的基本流程、机车的牵引数据和特征曲线、列车阻力的计算方法。

5.1　列车建模流程

列车由机车(Locomotive)和拖车(Wagons)组成,列车的建模主要包括机车建模和列车类型的编辑两部分,其构建主要分为:数据准备—机车建模—列车建模几个重要步骤,其过程、每步的任务和所需的数据如图 5-1 所示。

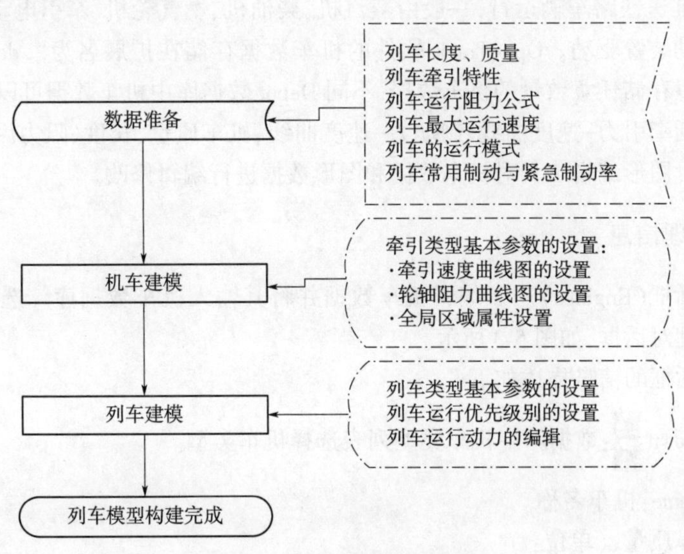

图 5-1　列车建模基本流程

5.2 地铁列车数据实例

列车是轨道交通仿真中的另一个重要因素,列车的基本参数是仿真过程中牵引计算的基础。本实例采用以下列车作为实践案例模型,主要参数信息如下:

(1)列车型号:BD32、B 型车。

(2)编组方式:Tc+M+M+M+M+M+M+Tc,6 动 2 拖的 8 节编组形式。

(3)列车长度:Tc 为 19.86 m;M 为 19 m。

(4)列车质量:Tc 为 32.5 t;M 为 34 t。

(5)车辆允许最高速度:80 km/h。

(6)供电方式: DC 1 500 V,第三轨下部受电。

(7)制动减速度:一般 0.8 m/s^2,紧急 1.2 m/s^2。

基本阻力公式:

$$w_R = 1.07+0.001\ 1v+0.000\ 235v^2$$

其中,w_R 为列车基本阻力,单位 N/kN;v 为列车速度,单位:km/h。

机车牵引力特性曲线如图 5-2 所示。

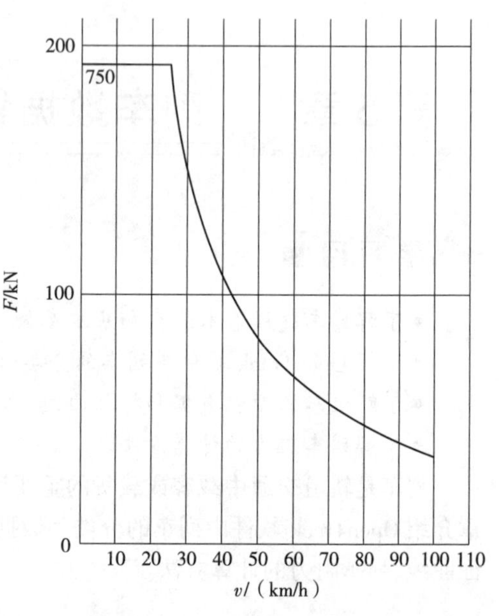

图 5-2 机车牵引特性曲线

5.3 机车管理

机车牵引或推送铁路车辆运行,一般由蒸汽机、柴油机、燃气轮机、牵引电动机等动力机械直接驱动或通过传动装置驱动。OpenTrack 软件的机车数据存储在扩展名为“.depot”的数据库中,一个数据库中可以存储任意数量的机车数据,不同 Depot 数据库中机车数据可以相互复制。

机车数据包括牵引力-速度曲线、制动力-速度曲线、机车质量、长度、阻力因数等。OpenTrack 程序支持用户通过图形编辑工具对机车数据和图形数据进行编辑修改。

5.3.1 机车管理信息

机车管理对话框(Engines)用于编辑机车数据并将其输入机车数据库。选择 Tools→Engines 命令打开机车管理对话框,如图 5-3 所示。

机车管理对话框的信息描述如下:

(1)Up and Down ▲▼:数据库中机车类型列表选择机车类型。

(2)Engine Name:机车名称。

(3)Load:机车质量,(单位:t)。

(4)Adh. load:黏着质量(一般而言,该质量小于或等于机车质量),(单位:t)。

(5)Length:机车长度(单位:m)。

(6)Resistance. Factor:阻力因数(该变量应用在 Strahl 公式中)。

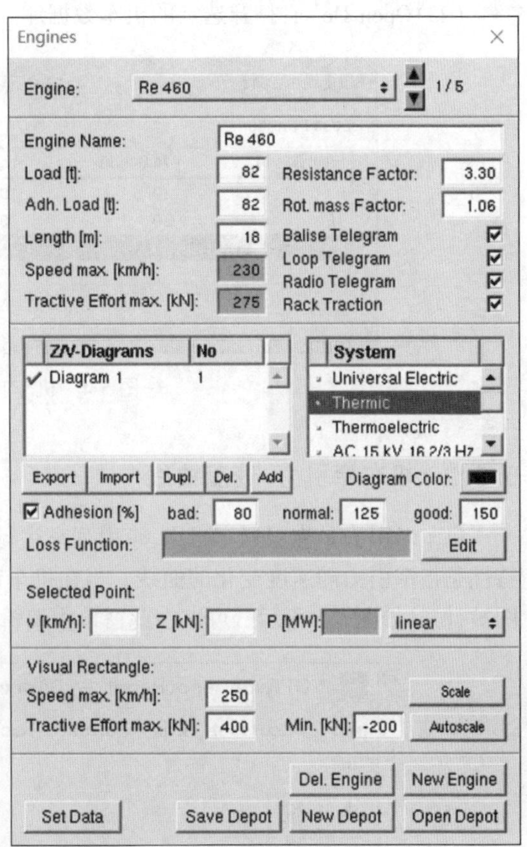

图 5-3　机车管理对话框

(7) Speed max：最高运行速度（单位：km/h）。

(8) Tractive Effort max：最大牵引力（单位：kN）。

(9) Rot. mass Factor：旋转质量系数（旋转质量的附加值）。

(10) Balise Telegram：选中此项表明车—地间采用应答器通信方式。

(11) Loop Telegram：选中此项表明车—地间采用环线通信方式。

(12) Radio Telegram：选中此项表明车—地间采用无线通信方式。

(13) Rack Traction：选中此项表明机车具有齿轨能力。

(14) 机车牵引力-速度曲线（Z/V 曲线）：

- Z/v Diagrams：显示已定义的 Z/V 曲线列表，列表中选中的 Z/V 曲线将显示在 Z/V 曲线编辑窗口。
- Export：将选中的 Z/V 曲线数据存储成数据文件。
- Import：打开 Z/V 曲线数据文件。
- Dupl.：复制选定的 Z/V 曲线。
- Del.：删除所选 Z/V 曲线。
- Add：创建新的 Z/V 曲线。
- Diagram Color：显示 Z/V 曲线的颜色，可以通过颜色框设置。

(15) System：允许用户选择在具有选定电力系统的轨道区段上运行时，特定机车类型采用哪种 Z/V 曲线，每个牵引供电模式最多只对应一个 Z/V 曲线，但是相同的 Z/V 曲线可以采用几种不同的牵引供电模式。

(16) Adhesion：黏着状态，通过系数描述轮轨间状态，详细内容见 5.3.3 节。

(17) Loss Function：机车功率损失函数。机车在运行过程中会损失部分功率，在 OpenTrack 中，对于每个机车和每个牵引力与速度曲线，用户可以定义一个功率损失函数。单击 Edit 按钮，打开机车功率损失函数编辑对话框，如图 5-4 所示。对于每个速度区间，该函数输入以千瓦(kW)为单位的常数和以牵引力为单位的百分比。然后，OpenTrack 将这些损失加入列车的总功率需求中。对于电力机车，总功率需求是指接触网或第三轨的功率消耗。对于柴油机车和其他非电力机车，总功率需求意味着总能耗，包括机车及其列车的功率损失。

(18) Set Data：保存文本框中的数据。

(19) New Engine：在数据库中新建机车数据。

(20) Del. Engine：从数据库中删除所选机车数据。

(21) Save Depot：保存数据库。

(22) New Depot：生成新机车数据库。

(23) Open Depot：打开选定的机车数据库。

Engines - Loss Function

Loss Function:

From [km/h]	To [km/h]	Loss Factor	P Loss [kW]
0	10	0.80	8.00
10	20	0.60	7.00
20	20	0.50	6.00

Delete　Add

Cancel　OK

图 5-4　机车功率损失函数编辑

5.3.2　机车牵引力-速度曲线

机车牵引力是克服列车阻力，牵引列车运行的力，机车牵引力与运行速度成反比，机车的牵引特性是指牵引力随速度变化的曲线。当在机车窗口中激活某机车 Z/V 曲线时，牵引力-速度曲线图被打开，如图 5-5 所示。可以在此窗口中编辑机车牵引力-速度曲线。

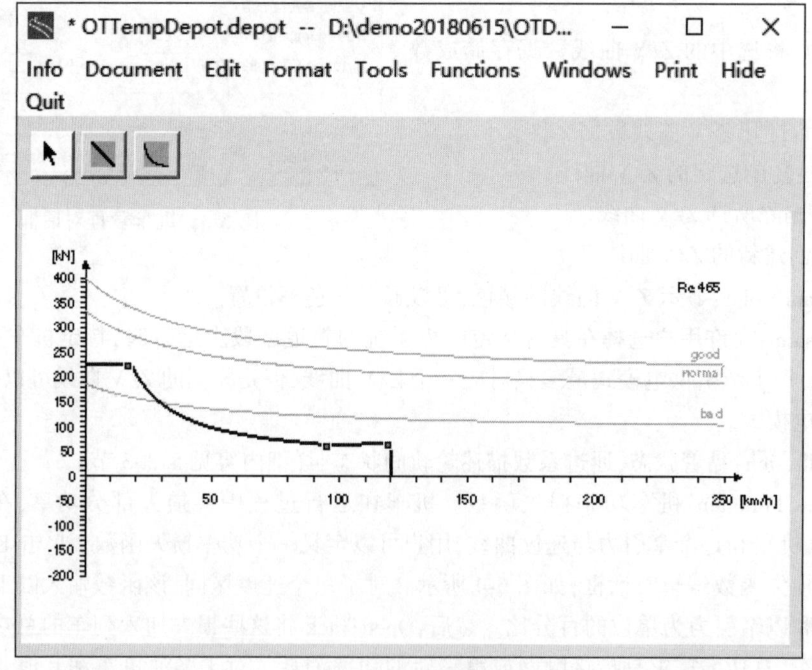

图 5-5　机车 Z/V 曲线编辑窗口

编辑工具按钮：

(Arrow)：使用箭头在图中选择或添加点。

(Linear)：将新点左侧的曲线部分画成一条直线。

(Hyperbolic)：将新点左侧的曲线部分画成双曲线。

编辑 Z/V 曲线图的操作步骤如下：

(1)根据拟插入曲线类型单击相应的按钮(Arrow、Linear 或 Hyperbolic)。

(2)单击拟插入点的位置,图中显示该点被选中。

(3)选择插入点,通过拖动该点设置此点对应的纵向坐标值,按【Enter】键或单击 Set Data 按钮保存数据。

(4)插入其他点直至完成曲线。Z/V 曲线是由机车窗口中输入的数值决定的(最大速度、最大牵引力、最小牵引力)。自动缩放功能会自动计算这些值,并相应地在曲线上设置这些数值,用户在 Z/V 曲线上插入点的数值不能超出最小和最大值的范围。

5.3.3 黏着牵引力

轮轨之间的黏着力是轮轨相互作用并产生机车牵引力的根源,受轮轨间黏着力限制的机车牵引力称为黏着牵引力,黏着牵引力计算一般采用经验公式,比较常用的是 Curtius 与 Kniffler 公式,轮轨间的黏着系数与轮轨间的相对速度有关,计算公式如下：

$$\mu=\frac{2.1}{v+12.2}+0.161$$

式中:μ——黏着系数。

v——速度,m/s。

机车黏着状态可分为以下三种场景描述:良好、一般和较差,以对应不同的黏着条件(例如,与天气相关的条件),然后在 Curtius 与 Kniffler 公式中使用该百分比值来估计黏着系数。对于现代机车,OpenTrack 使用以下预设值作为默认值:good,150%;normal,125%;bad,80%。用户可以根据轮轨黏着条件,设置百分比值评估黏着系数。

5.4 列车管理

列车由机车(Locomotive)和拖车(Wagons)组成,OpenTrack 把列车分为三类：快速列车(城际列车,代号 IC)、区域列车、货物列车,也支持用户自定义列车类型,列车类型决定了列车阻力计算公式不同。OpenTrack 软件的列车数据存储在扩展名为“. train”的数据库中,一个数据库中可以存储任意数量的列车数据。

列车类型的定义是在机车定义的基础上,将相关机车车辆进行编组,形成列车,并进一步定义列车的各项属性。

5.4.1 列车管理信息

选择 Tools→Trains 命令打开列车对话框,如图 5-6 所示。

列车对话框参数设置如下：

(1)Train 列表框:列车数据库中所定义的列车类型列表。

(2)Engines:所选列车的机车列表。

(3)Train Load:机车和拖车的总质量(单位:t)。

(4)Train Length:列车的长度,包括机车长度和拖车长度。

(5)Train Description:列车说明(可选项)。

(6)Train Type:列车类型(快速列车、区域列车和货车)。

(7)Train Category:用户定义的列车类别。

(8)Equation:确定用于计算空气阻力的公式。

(9)Speedmax:列车最高速度(单位:km/h)。

(10)Deceleration:定义的减速度值(单位:m/s^2)和减速计算类型。

(11)New:在列车数据库中新建列车类型。

(12)Edit:编辑所选列车的相关参数。

(13)Duplicate:复制数据库中被选的列车类型。

(14)Calculate:计算被选列车的制动距离。

(15)Delete:从数据库中删除选定的列车类型。

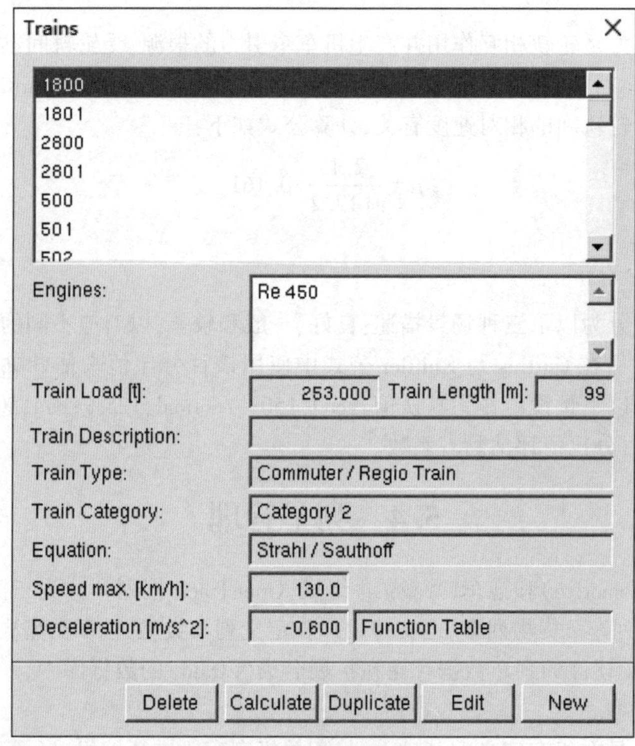

图 5-6 列车对话框

5.4.2 创建并编辑新列车

1. 创建新列车

(1)在列车对话框(见图 5-6)中,单击 New 按钮打开新列车编辑窗口,如图 5-7 所示。

(2)在编辑对话框中输入列车名称、选择列车类型等参数。

(3)根据列车编组情况,在机车和拖车列表框中添加机车和拖车,并输入属性参数。

(4)单击 OK 按钮将新建列车保存至数据库。

2. 设置列车属性

图 5-7 中,新列车属性参数设置内容如下:

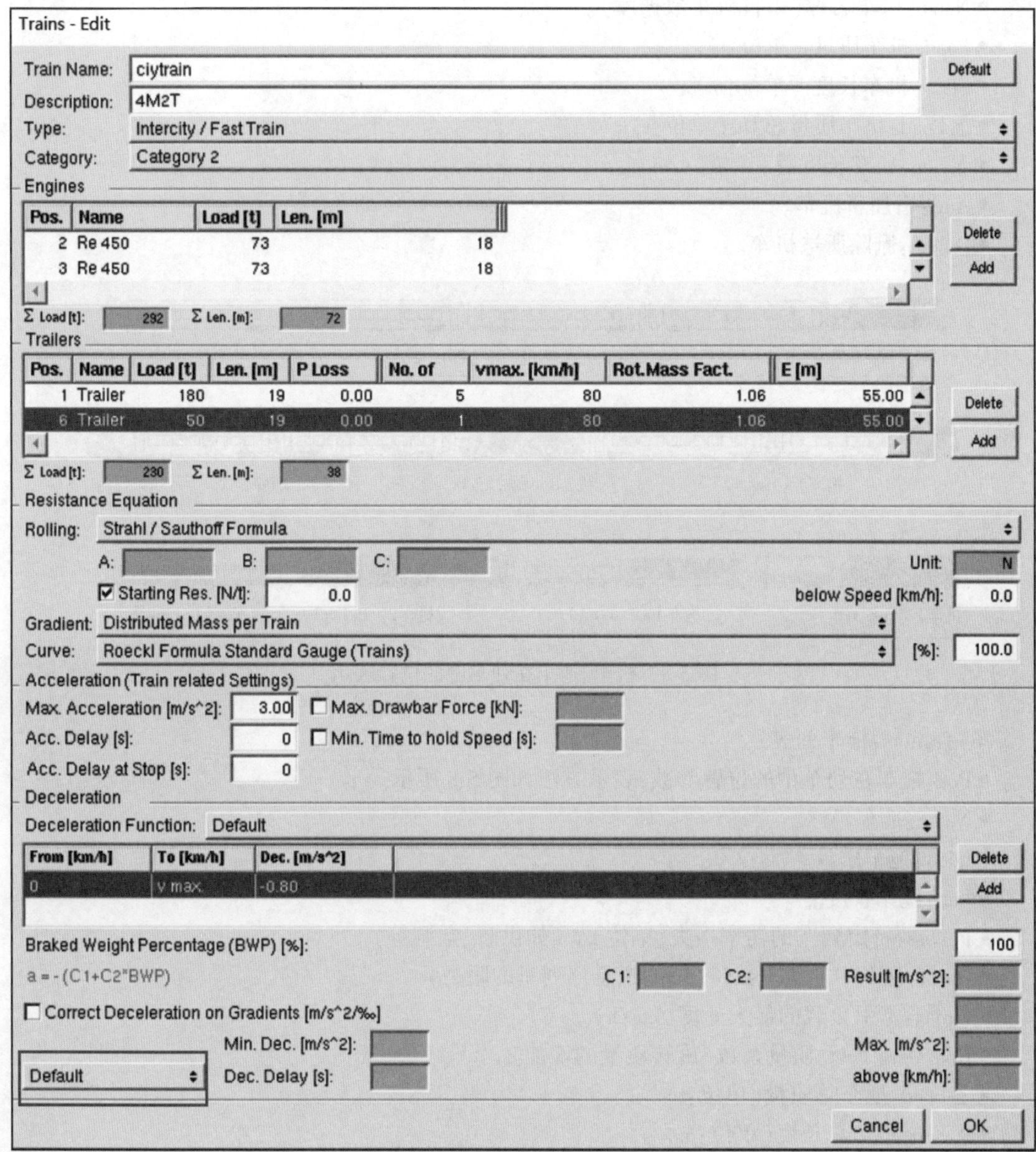

图 5-7　新列车编辑对话框

(1)Train Name:列车名字。

(2)Default:单击该按钮,OpenTrack 软件自动分配列车名字。

(3)Type:列车种类,通过下拉列表框选择(IC:快速列车;Regio Train:区域列车;Freight:货物列车)。

(4)Category:列车类型,可以使用列车类别工具(Tools→Train Category)定义特定类型的列车,其具有许多相似的特性(如调度优先级、列车在图表上的彩色显示等)。

(5)Engines:机车列表。

- Pos:机车在列车中的位置参数,表示方法如图 5-8 所示。

- Name:机车名称(来自机车数据库)。
- Load:机车质量 (单位:t)。
- Len. :机车长度 (单位:m)。
- ∑Load:机车质量总和 (单位:t)。
- ∑Len:机车长度总和(单位:m)。
- Add:增加新机车。
- Delete:删除所选机车。

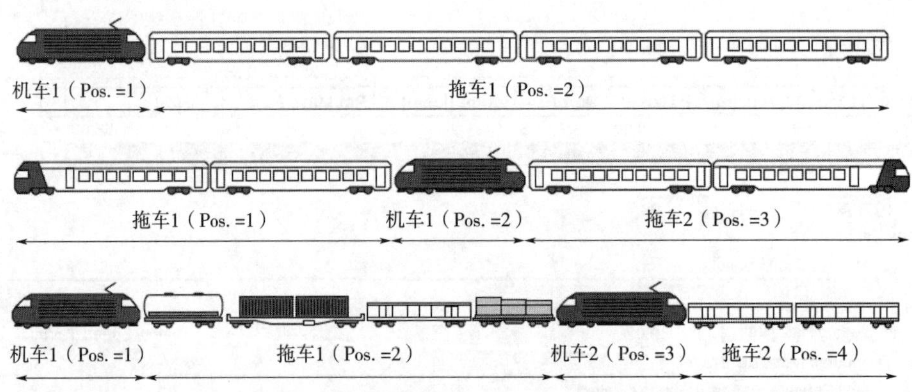

图 5-8 机车、拖车在列车中的位置表示

(6)Trailers:拖车列表。

- Pos:拖车在列车中的位置参数,表示方法如图 5-8 所示。
- Name:拖车名称。
- Load:拖车质量。
- Len:拖车长度。
- P Loss:特定列车的功率损失,单位 kW(如供暖、空调等)。
- No of:列车中的货车数量(影响磁悬浮列车的阻力)。
- v max:牵引负载的最大速度(km/h)。
- Rot. Mass Fact:质量系数(旋转质量的增加)。
- ∑Load:拖车总质量(单位:t)。
- ∑Len:拖车总长度(单位:m)。
- Add:增加新拖车。
- Delete:删除所选拖车。

(7)Resistance Equation:阻力公式,用户可以选择不同空气阻力计算公式。

- Rolling:允许用户选择计算阻力的公式,通过下拉列表框选择,用户可以选择是否使用 Strahl/Sauthoff 公式、Davis 通用公式或磁悬浮列车的公式计算空气阻力(总阻力的一部分),这些公式的详细描述见第 5.5 节列车阻力计算。
- A、B、C:Davis 公式中参数(空气阻力计算)。
- v on:线性电机的接通速度[磁悬浮列车(Maglev Train)公式参数]。
- P_1:每辆车的线性发电机功率[磁悬浮列车(Maglev train)公式参数]。
- C:空气阻力系数[磁悬浮列车(Maglev Train)公式参数]。

● Result Unit:空气阻力公式计算结果的单位(N 或 kN)。

● Starting Res. :启动阻力系数[单位:N/t(可选填)]。

● Below Speed:低于该速度时,将使用启动阻力(单位:km/h)。

● Gradient:计算坡度阻力公式选择(Distributed Mass per Train:列车质量均匀分布;Distributed Mass per Engine and per Trailer:机车和拖车质量分布)。

● Curve:计算曲线阻力公式选择(Opentrack 软件提供了七个曲线阻力计算公式可以选择,分别是:Formula 1 520 mm(Trains),轨距宽 1 520 mm 的曲线阻力计算;Roeckl Formula Standard Gauge (Trains),标准轨距的 Roeckl 公式;Roeckl Formula 1 000 mm(trains),系数取 1 000 的 Roeckl 公式;Roeckl Formula 750 mm(Trains),系数取 750 的 Roeckl 公式;Roeckl Formula 600 mm(Trains),系数取 600 的 Roeckl 公式;Roeckl Formula User defined $R = D * m/(r-E)$,自定义 Roeckl 公式;Tram Formula(Trains),有轨电车阻力计算公式)。

●【%】:曲线阻力的修正系数。

(8) Acceleration(Train related settings):加速度(列车参数设置)。

● Max. Acceleration:最大加速度(单位:m/s^2)。

● Acc. Delay:列车制动结束至再次加速之间的最短时间间隔(单位:s)。

● Acc. Delay at Stop:列车停止后到再次启动运动之间的最短时间间隔(单位:s)。

● Max. Drawbar Force:列车第一个车钩上的最大牵引力,单位:kN。

● Min. Time to hold Speed:只有当列车能在规定的最短时间内保持这个速度时,才可以提高速度(可选)。

(9) Deceleration:减速度,既列车制动计算设置。

● Deceleration Function:制动计算类型, OpenTrack 软件提供了八种制动计算类型可以选择,包括:default,默认计算方法;Function Table(non-ETCS/ETCS),列表法;SBB Freight(non-ETCS/ETCS),SBB 货运;Function Table(multiple Values),列表法;UIC Formula,UIC 公式;SBB ZUB Formula,SBB ZUB 公式;SBB FSS Formula,SBB FSS 公式; Custom Formula,用户自定义公式。下面的列表中可以自定义列表数据。

● Braked Weight Percentage(BWP):制动百分比(%)。

● C1、C2:使用分段百分比法进行制动计算的系数。

● Result:使用制动百分比方法计算的减速度。

● Correct Deceleration on Gradients:上坡时减速延迟值的修正[单位:(m/s^2)/‰]。

● Min. Dec:最小减速度。

● Max. Dec:最大减速度。

● 制动计算方法选择下拉框:OpenTrack 允许用户从几种可能的制动曲线中进行选择,以下类型可用:

- Default:无 ETCS 制动方法(默认设置)。
- ETCS:符合 ETCS 规范。
- ETCS-:根据 ETCS 规范,车站按常规停车。

● Dec. Delay:ETCS 的制动减速延迟时间(单位:s,默认值 0 s),在 OpenTrack 中应用制动曲线计算时,表示在列车司机收到制动信号信息,到开始制动之间的延迟时间。

● Above:超过 ETCS 制动延迟的速度(单位:km/h,默认值 0)应用减速延迟值。

(10)OK:保存修改/新建列车至数据库。

列车中,机车和拖车的位置(属性:机车或拖车列表中的 Pos),表示方法见图 5-8。

5.5 列车阻力计算

列车行驶中受到阻力作用,需要通过机车施加在铁轨上的牵引力来克服。列车受到的总阻力(R)是列车牵引阻力和加速阻力的总和,用公式表示为

$$R=R_t+R_a$$

式中:R——列车总阻力,N;

R_t——列车牵引阻力,N;

R_a——列车加速阻力,N。

列车牵引阻力和列车加速阻力可进一步划分,详细信息见下面内容。

5.5.1 牵引阻力

列车牵引阻力(A-Traction Resistance)分为滚动阻力和附加阻力(与线路有关的阻力),公式为

$$R_t=R_l+R_{str}$$

式中:R_t——列车牵引阻力,N;

R_l——列车滚动阻力,N;

R_{str}——列车附加阻力,N。

1. 列车滚动阻力

列车滚动阻力包括空气阻力、轴承摩擦阻力、轮轨滚动阻力和惯性阻力。在实践中有三个经验公式:Sauthoff's 公式(适用于客车),Strahl 公式(用于机车)和改进的 Strahl 公式(用于货车);也可以使用二次函数形式的通用公式(Davis 公式)计算滚动阻力。磁悬浮列车采用特殊公式。这些公式详细信息如下:

(1)机车滚动阻力。Strahl 公式计算机车滚动阻力的公式如下:

$$R_{lt}=g\times\left\{\left[f_l\times\frac{m}{1\ 000}\right]+[k_{st1}\times((v+\Delta v)\times3.6)^2]\right\}$$

式中:R_{lt}——机车滚动阻力,N;

g——重力加速度,一般取 9.81 m/s^2;

m——机车质量,kg;

v——列车速度,m/s;

Δv——机车与风的相对速度(描述风的阻力),m/s;

f_l——机车阻力系数(默认值为 3.3);

k_{st1}——阻力影响系数(默认值为 0.03 kg·s^2/m^2),单位:kg·s^2/m^2。

(2)客车滚动阻力。Sauthoff's 公式计算客车滚动阻力的公式为

$$R_{lp}=g\times\left\{\left[1.9\times\frac{m}{1\ 000}\right]+\left[k_{st1}\times v\times3.6\times\frac{m}{1\ 000}\right]+[k_{st2}\times(n+2.7)\times[(v+\Delta v)\times3.6]^2]\right\}$$

式中:R_{lp}——客车滚动阻力,N;

g——重力加速度,一般取 9.81 m/s^2;

m——客车质量,kg;

n——客车数量;

v——列车速度,单位 m/s;

Δv——客车与风的相对速度(描述风的阻力),m/s;

k_{st1}——客车阻力系数 1(默认值 0. 002 5 s/m),m/s;

k_{st2}——客车阻力系数 2(默认值 0. 006 96 kg · s^2/m^2),kg · s^2/m^2。

(3)货车滚动阻力。改进的 Strahl's 公式用于计算货车滚动阻力,公式为

$$R_{lg}=g\times\frac{m}{1\ 000}\times\left[2.2-\frac{k_{st2}}{v\times3.6+k_{st3}}+k_{st4}\times(v\times3.6)^2\right]$$

式中:R_{lg}——货车滚动阻力,N;

g——重力加速度,一般取 9. 8 m/s^2;

m——货车质量,kg。

v——列车速度,m/s。

k_{st2}——货车阻力系数(默认值 80 m/s),m/s;

k_{st3}——货车阻力系数(默认值 38 m/s),m/s;

k_{st4}——货车阻力系数(默认值 0. 000 32 s^2/m^2),s^2/m^2。

(4)Davis 公式-列车空气阻力计算公式。

Davis 公式是列车空气阻力的通用计算公式,有两种形式,一个与质量相关,一个与质量无关。其中 A、B、C 三个参数需要根据条件查表获取。

- 与质量相关的 Davis 阻力公式为

$$r'=A+B\times v+C\times v^2$$

$$R_{lz}=m\times g\times r'/1\ 000$$

式中:R_{lz}——列车总空气阻力,N;

r'——列车单位空气阻力,N/kN;

g——重力加速度,一般取 9. 81 m/s^2;

m——列车质量,kg;

v——列车速度,km/h。

- 与质量无关的 Davis 阻力公式为

$$R_{lz}=A+B\times v+C\times v^2$$

式中:R_{lz}——列车的空气阻力,kN;

v——列车速度,km/h。

(5)隧道空气阻力。列车在隧道中行驶时会受到更大的空气阻力,阻力的大小取决于列车的外表面、隧道形式、隧道截面和隧道壁的平整度。以 R_t 表示隧道附加给列车的阻力,在无隧道区段行驶时 $R_t=0$。

隧道附加的阻力用以下公式表示为

$$R_t=f_t\times v^2$$

式中:R_t——隧道阻力,N;

f_t——隧道系数,kg/m;

v——列车速度,m/s。

(6)磁悬浮列车空气阻力。磁悬浮列车空气阻力的计算公式为

$$R_{lz}=F_{lig}+F_{ws}+F_{ac}$$

$$F_{lig}=0(\text{当 } v<v_{ein} \text{ 时})$$

$$F_{lig}=n_w\times(P_{lig}\times3.6/v-0.2)(\text{当 } v\geqslant v_{ein} \text{ 时})$$

$$F_{ws}=n_w\times\left[0.1\times\sqrt{v/3.6}+0.02\times(v/3.6)^{0.7}\right]$$

$$F_{ac}=C\times v^2$$

式中:R_{lz}——列车空气阻力,N;

F_{lig}——线性电机阻力,N;

F_{ws}——涡流电阻力,N;

F_{ac}—— 空气动力阻力,N;

m——货车质量,kg;

v_{ein}——线性电机的开关速度,km/h;

n_w——列车中的货车数量;

P_{lig}——每辆货车的线性电机功率,kW;

C——空气动力学参数值(与 Davis 公式中的参数相同)。

(7)列车总滚动阻力。列车的总滚动阻力(Total Rolling Resistance)是其机车阻力、货车/客车阻力和隧道阻力之和。公式如下:

$R_l=R_{lt}+R_{lp}+R_t$(客车总滚动阻力公式,包括机车滚动阻力、客车滚动阻力和隧道阻力)

$R_l=R_{lt}+R_{lg}+R_t$(货车总滚动阻力公式,包括机车滚动阻力、货车滚动阻力和隧道阻力)

$R_l=R_{lz}+R_t$(磁悬浮列车总滚动阻力公式,包括磁悬浮列车空气阻力和隧道阻力)

2. 附加阻力

附加阻力(Distance Resistance)因线路的不平顺引起,包括坡度阻力、曲线阻力和道岔阻力,公式为

$$R_{str}=R_s+R_b+R_w$$

式中:R_{str}——附加阻力,N;

R_s——坡度阻力,N;

R_b——曲线阻力,N;

R_w——道岔阻力,N。

(1)道岔阻力。在大型轨道路网中,道岔阻力对列车运行的影响很小,因此在仿真计算中可以忽略道岔阻力。

(2)坡度阻力。列车在坡道上运行时,其重量可以分解为垂直于坡面上的力和平行于坡面上的力,平行于坡面上的力作用方向与列车运行方向相反,形成坡道附加阻力。图 5-9 说明了坡度阻力的形成原因。

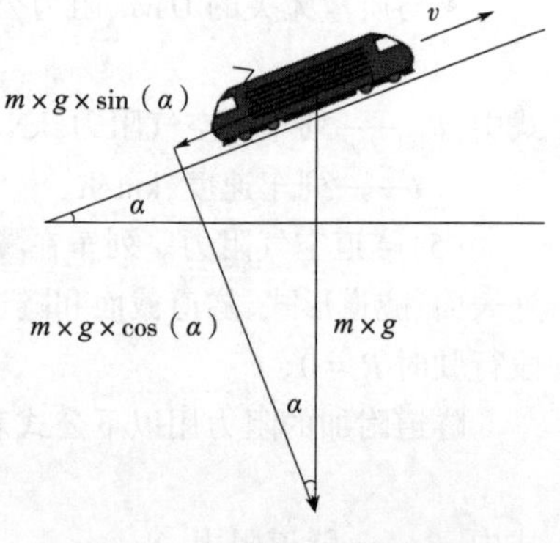

图 5-9 坡度阻力示意图

$$R_s=m\times g\times\sin(\alpha)$$

$$R_s=m\times g\times\tan(\alpha)=m\times g\times\frac{I}{1\ 000}$$

式中:R_s——坡度阻力,N;

M——列车质量,kg;

g——重力加速度,一般取 9.81 m/s^2;

α——坡度角度,°或 rad;

I——向上的梯度(坡度),‰。

对于小角度的 α,$\sin(\alpha)$可用 $\tan(\alpha)$替代,在铁路应用中,$\tan(\alpha)$称为坡度 I,单位为 1‰。

默认情况下,OpenTrack 认为在列车长度上列车质量是均匀分布的(每列车的分布质量)。如果需要更详细的计算,用户可以选择分别计算每台机车和拖车的质量。在这种情况下,需要根据机车和拖车在列车中的位置和坡度,分别计算每个机车和拖车的坡道阻力。

(3)曲线阻力。列车在通过轨道曲线段时受到附加曲线阻力作用,这种阻力是由于刚性轮对在内径不同和长度不同的钢轨上移动时,产生的横向移动摩擦形成的。曲线阻力大小取决于曲线半径和轨距。常用的曲线阻力经验公式是基于标准轨距的 Roeckl's 公式,计算公式为

$$R_b = \frac{6.3}{r-55} \times m \text{(当 } r \geqslant 300 \text{ m 时)}$$

$$R_b = \frac{4.91}{r-30} \times m \text{(当 } r < 300 \text{ m 时)}$$

式中:R_b——曲线阻力,N;

r——曲线半径,m;

m——列车质量,kg。

除了常用曲线阻力计算公式 Roeckl's 公式外,OpenTrack 还提供了计算列车曲线阻力的第二个公式

$$R_b = \frac{1+c}{r} \times 0.17 \times m \times g$$

式中:R_b——曲线阻力,N;

c——每个转向架的轴距(单位:m),默认值 $c=2$ m;

r——曲线半径,m;

m——列车质量,kg;

g——重力加速度,(单位:m/s^2)一般取 9.81 m/s^2。

此外,OpenTrack 允许用户在 Roeckl's 公式中输入参数 d 和 e,精确地计算曲线阻力。参数 d 和 e 分别由机车和拖车来定义,在仿真时,OpenTrack 分别计算列车各部分(机车和拖车)的曲线阻力,然后将机车和拖车的曲线阻力相加表示整个列车在当前位置的总曲线阻力。参数形式曲线阻力公式如下

$$R_b = \frac{d}{r-e} \times m$$

式中:R_b——曲线阻力,N;

r——曲线半径,m;

m——列车质量,kg;

d——用户自定义参数,m^2/s^2;

e——用户自定义参数,m。

在列车编辑对话框中,将曲线阻力公式设置为用户自定义时,如图 5-10 所示,在曲线阻力位

置选择 Roekl's 公式用户定义[$R=d*m/r-e$)]时,机车和拖车属性编辑列表中的 D 和 E 参数列将可见,用户可以输入 d、e 参数值。参数 d 和 e 的默认值是基本 Roeckl 公式在标准轨距时使用的数值($d=6.3\ \text{m/s}^2$,$e=55\ \text{m}$)。

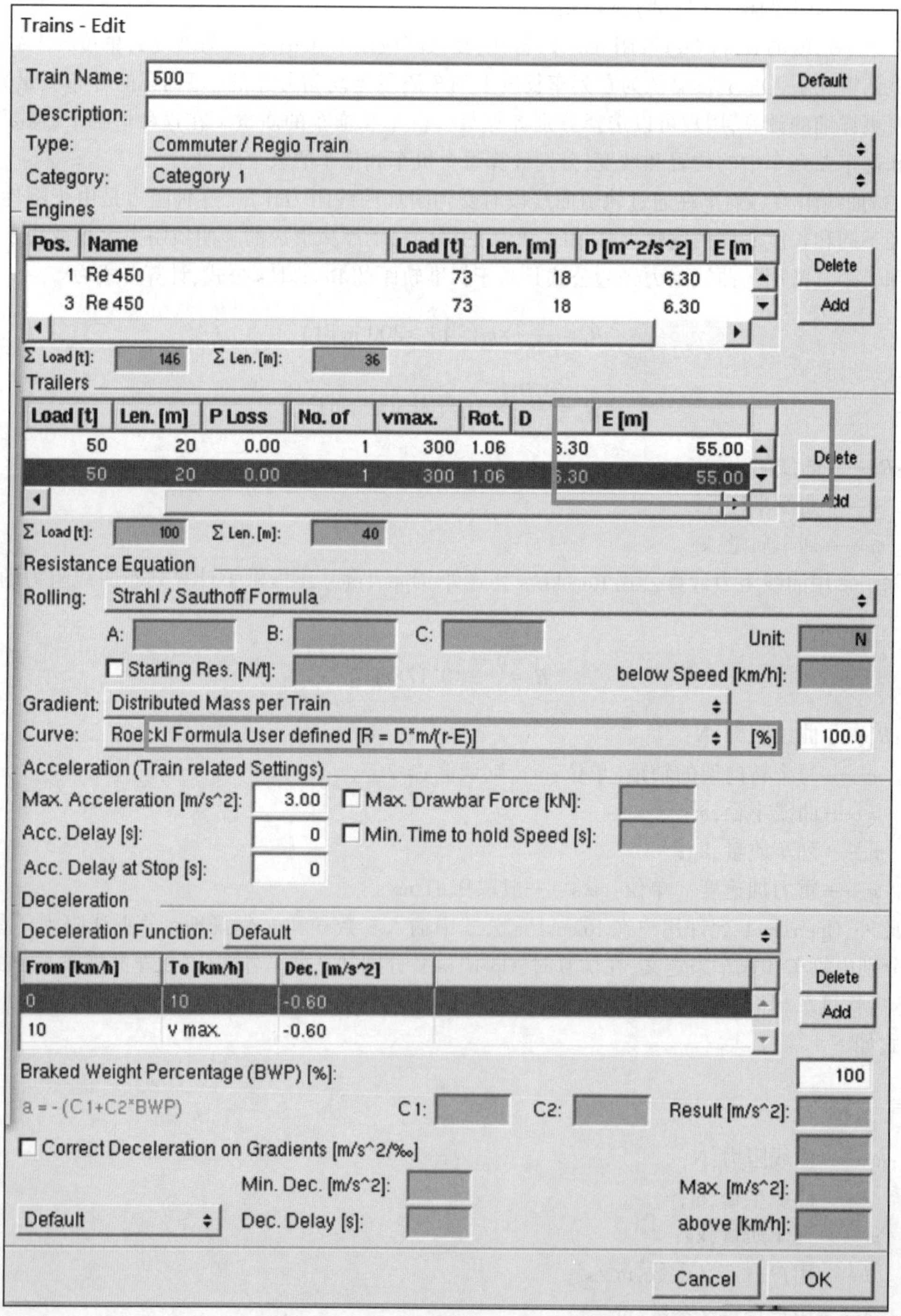

Trains - Edit

Train Name: 500 | Default

Description:

Type: Commuter / Regio Train

Category: Category 1

Engines

Pos.	Name	Load [t]	Len. [m]	D [m^2/s^2]	E [m
1	Re 450	73	18	6.30	
3	Re 450	73	18	6.30	

Delete | Add

Σ Load [t]: 146　Σ Len. [m]: 36

Trailers

Load [t]	Len. [m]	P Loss	No. of	vmax.	Rot.	D	E [m]
50	20	0.00	1	300	1.06	6.30	55.00
50	20	0.00	1	300	1.06	6.30	55.00

Delete | Add

Σ Load [t]: 100　Σ Len. [m]: 40

Resistance Equation

Rolling: Strahl / Sauthoff Formula

A:　B:　C:　Unit: N

☐ Starting Res. [N/t]:　below Speed [km/h]:

Gradient: Distributed Mass per Train

Curve: Roeckl Formula User defined [R = D*m/(r-E)]　[%] 100.0

Acceleration (Train related Settings)

Max. Acceleration [m/s^2]: 3.00　☐ Max. Drawbar Force [kN]:

Acc. Delay [s]: 0　☐ Min. Time to hold Speed [s]:

Acc. Delay at Stop [s]: 0

Deceleration

Deceleration Function: Default

From [km/h]	To [km/h]	Dec. [m/s^2]
0	10	-0.60
10	v max.	-0.60

Delete | Add

Braked Weight Percentage (BWP) [%]: 100

a = -(C1+C2*BWP)　C1:　C2:　Result [m/s^2]:

☐ Correct Deceleration on Gradients [m/s^2/‰]

Min. Dec. [m/s^2]:　Max. [m/s^2]:

Default　Dec. Delay [s]:　above [km/h]:

Cancel | OK

图 5-10　列车编辑对话框中定义新曲线阻力公式

(4)启动阻力。列车从停止位置启动时需要克服的额外阻力称为启动阻力。OpenTrack 中可以定义以下启动阻力参数:

- Use Starting Resistance:确定是否使用启动阻力。
- Starting Res. [N/t]:启动阻力系数(单位:N/t)。
- Below Speed[km/h]:低于该速度将使用启动滚动阻力。
- m:列车质量。
- r_{St}:启动阻力系数。
- R_{St}:启动阻力。

启动阻力 R_{St} 是速度 $v=0$ 和临界速度之间的线性函数。在 $v=0$ 时,$R_{St}=r_{St}\times m$,阻力值最大;当 $v=v$(Below Speed)时,则使用选定的滚动阻力公式(Strahl' s/Sauthoff' s、Davis 等)计算滚动阻力。图 5-11 所示一个滚动阻力与速度关系的实例。图中 0~8 km/h 为启动滚动阻力,8~140 km/h 为 Strahl' s/Sauthoff' s 公式计算的滚动阻力,其中 $r_{St}=$ 50 N/t,列车质量为 550 t,最高速度为 140 km/h。

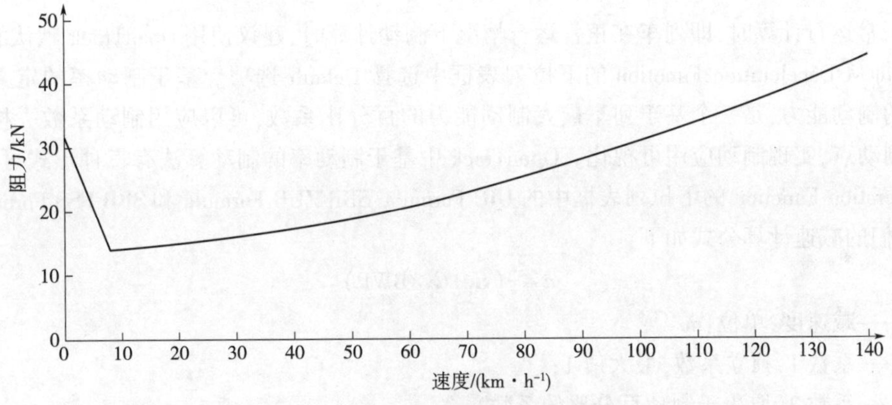

图 5-11　滚动阻力与速度之间关系曲线

5.5.2　加速阻力

当列车加速或减速(制动)时,会受到加速阻力(Acceleration Resistance)。列车的加速度阻力与列车的质量和加速度成正比。列车质量由平动质量和转动质量两部分组成,对于旋转质量部分,引入了经验质量因子 ρ。加速阻力的公式为

$$R_a=m\times a\times(1+0.01\times\rho)$$

式中:R_a——加速阻力,N;

m——列车质量,kg;

a——列车加速度,m/s^2;

ρ——经验质量因数,默认值 1,对于客运和货运列车,经验质量系数 ρ 一般取 6~10。

5.6　列车管理功能应用实例

本节介绍应用 OpenTrack 列车管理各种功能的实例。

5.6.1 基于制动率的制动曲线定义

默认情况下,OpenTrack 使用与速度相关的制动减速值表来分段定义制动曲线,不过,用户也可以使用制动率定义列车的制动曲线,在图 5-10 的 Deceleration Function 下拉列表框中可以选择制动计算方法,如图 5-12 所示。

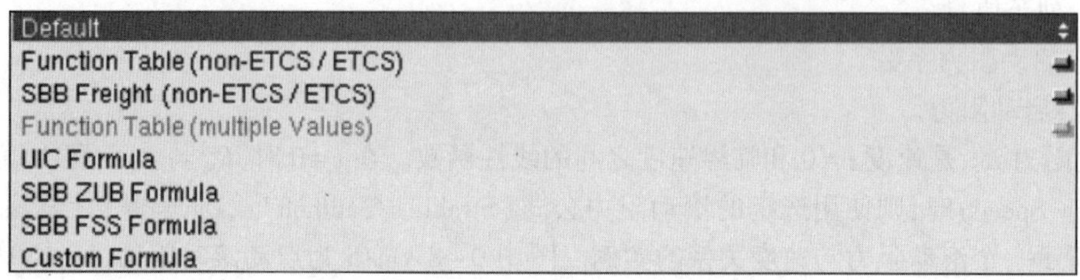

图 5-12 制动减速类型选择列表

在正常运行计算时,即列车在正常运行情况下制动计算时,建议使用 OpenTrack 默认的制动减速值表,即从 Deceleration Function 的下拉列表框中选择 Default 选项。基于制动率的定义适合分析列车的制动能力,是一个基于列车最大制动能力的百分比系数,可以应用制动系数去检查和绘制列车制动点,实现制动应用可视化。OpenTrack 中基于制动率的制动算法有三种形式可以选择,即 Deceleration Function 的下拉列表框中的 UIC Formula、SBB ZUB Formula 和 SBB FSS Formula 三个选项,它们的减速计算公式如下:

$$a=-(C_1+C_2\times \text{BWP})$$

式中:a——减速度,单位:m/s^2;

C_1——系数 1,独立系数,最大值 1;

C_2——系数 2(取决于制动百分比的系数);

BWP——制动重量百分比:列车的总制动能力,最大值 1。

用户可以设置系数 C_1 和 C_2 的值,也可以使用预设的数值,表 5-1 所示为 OpenTrack 中预设制动系数,用户可以直接使用。

表 5-1 OpenTrack 预设制动系数

公 式	C_1	C_2
UIC(International Union of Railways,国际铁路联盟)	0.069	0.006
SBB ZUB(瑞士国家铁路 ZUB 制动系统)	0.06	0.006
SBB FSS(瑞士国家铁路 FSS 制动系统)	0.063	0.006 7

如果应用基于制动率的制动曲线的自定义公式功能,需要选择 Tools→Train 命令,在打开的对话框中单击 Edit 按钮,打开列车编辑对话框,编辑制动属性参数。

用户可以通过所选功能的减速计算结果中显示数据来检查制动延迟的结果。

5.6.2 ETCS Level2 列控系统下列车制动计算

为了真实地模拟列车在 ETCS Level2 级列控系统和常规路线上运行,OpenTrack 用户可以选择 Tools→Train 命令,打开列车编辑对话框,定义列车的制动特性(Deceleration Function:减速函数),

在该菜单项下选择 Function Table（non-ETCS/ETCS），如图 5-13 所示。

在 ETCS Level2 控制下运行的列车，减速功能表由四列组成，而在非 ETCS 控制轨道上运行的列车是三列，表的第三列列出了 ETCS 控制之外区域的减速值。如果列车在 ETCS 控制下运行，将显示第四列，其中列出了 ETCS 控制下的减速值。

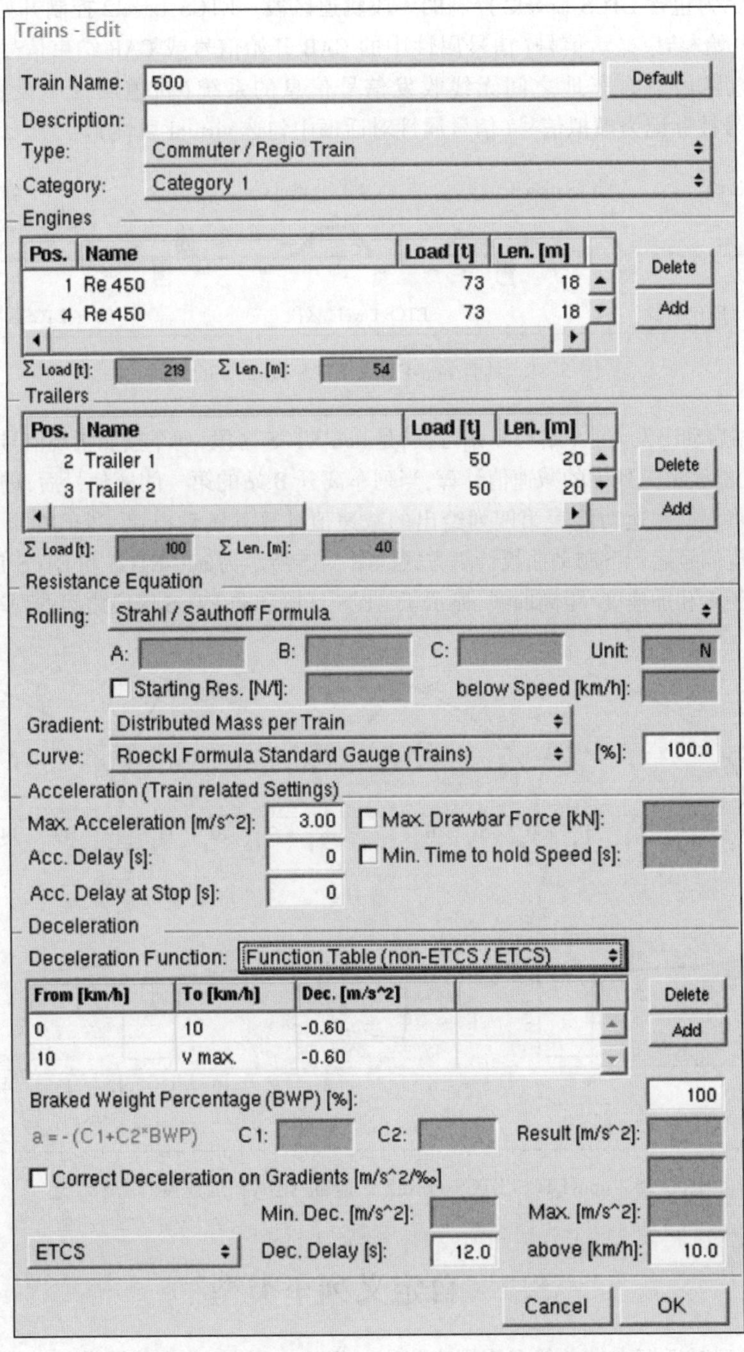

图 5-13　ETCS 2 系统下运行列车的属性编辑

第四列中的 ETCS 值是计算某个 ETCS 制动曲线的起点，这些值与制动应用延迟曲线（Dec. Delay[s]）的值以及在 ETCS 释放速度上限（above[km/h]）一起使用。

当列车属性对话框的属性 Deceleration Function 的下拉列表框中显示 ETCS 时，Deceleration Function 底部将显示 Dec. Delay[s]和 above[km/h]的值。

图 5-14 所示为包含 ETCS Level2 控制的一段轨道区段。ETCS Level2 控制开始和结束是从列车司机室信号开始/结束显示信号（信号属性中的 CAB 开始信号或 CAB 结束信号），ETCS Level2 控制区域内的轨道段具有车地之间无线收发信号信息的系统（轨道属性中设置 Loop / Radio ETCS），这些信号被标记为虚拟信号（信号属性对话框中勾选 virtual 属性）。

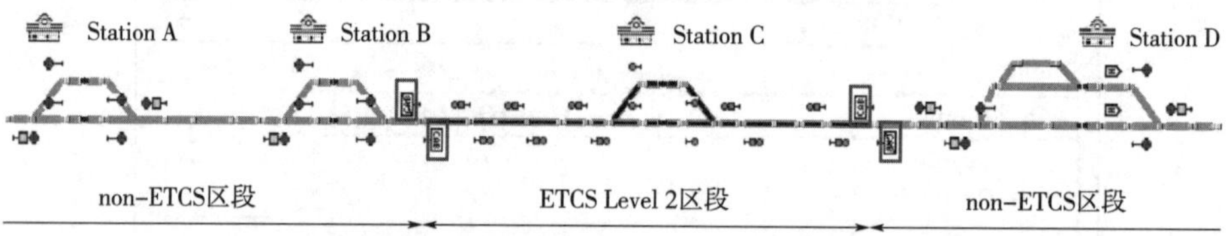

图 5-14 具有 non-ETCS/ETCS Level 2 的线路

列车在 A 站启动出发，在 A 站与 B 站区段，是 non-ETCS 区段，列车按照常规信号运行，列车制动曲线根据减速功能表第三列中的减速值计算，当列车离开 B 站的第一闭塞信号后，进入 ETCS Level2 信号区域，列车将根据减速功能表第四列给出的减速值计算其制动电流，列车离开 ETCS Level2 区域，即恢复到常规信号运行下制动曲线计算方式。图 5-15 所示为 non-ETCS 和 ETCS Level2 区段中列车运行的速度/距离和加速度/距离曲线，显示了 ETCS 区段和非 ETCS 区段之间的列车制动差异。

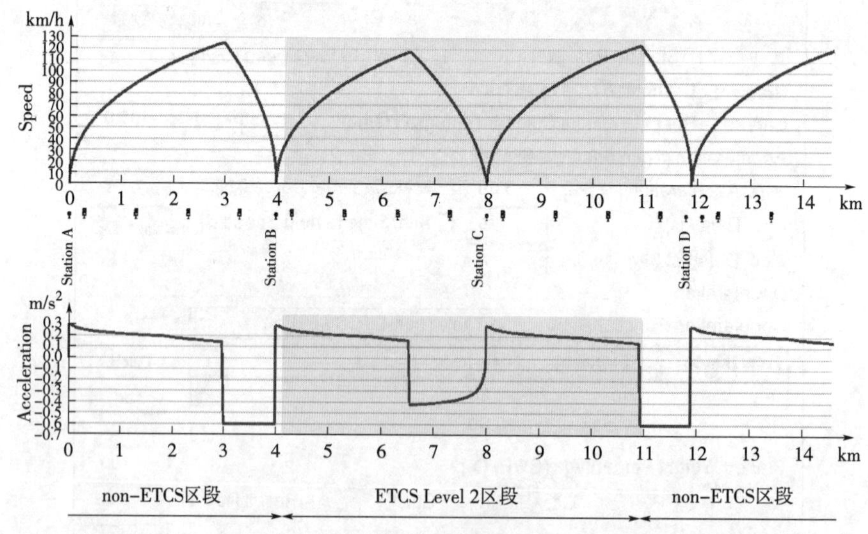

图 5-15 non-ETCS/ETCS Level2 下速度/距离和加速度/距离曲线

5.7 自定义列车类型

位于列车类型对话框中的功能允许用户指定一组特定列车，并为其提供与模拟中其他列车不同的特定属性（例如初始延误分布）。本节介绍列车类型对话框和使用该对话框设置的主要属性。

5.7.1　列车类型信息

选择 Tools→Train Categories 命令，打开列车类型对话框，如图 5-16 所示。

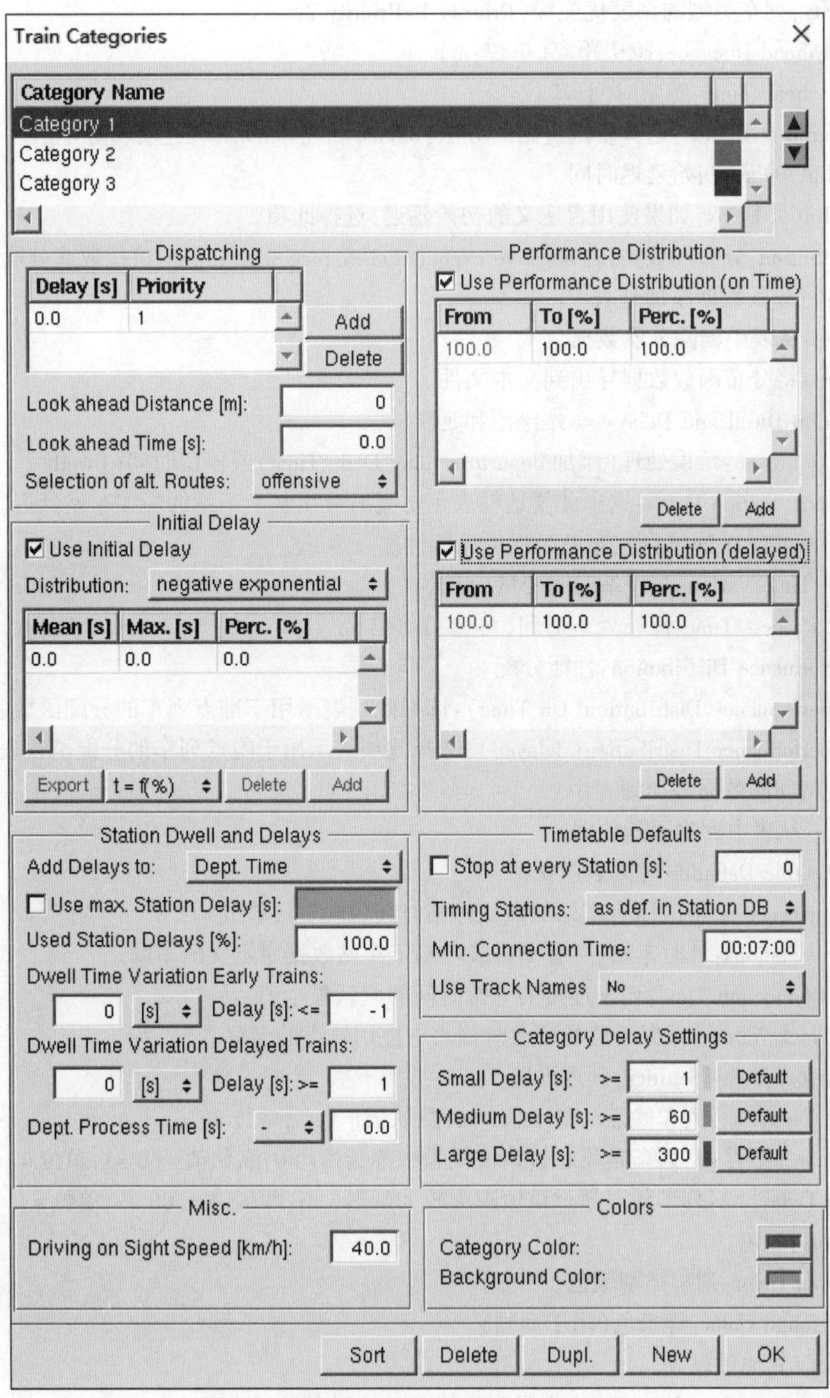

图 5-16　自定义列车类型窗口

列车类型中的参数信息如下：

(1) Category Name：用户定义的列车类型名称。

(2) Dispatching：调度。

- Priority：列车类型的调度优先级(Priority 1>Priority 2)。
- Look ahead Distance：瞭望距离(单位：m)。
- Look ahead Time：瞭望时间(单位：s)。
- Selection of Routes：选择备选进路的方法(offensive 或 defensive：进攻或防守)。

(3) Initial Delay：初始延迟时间。

- Use Initial Delay：如果使用自定义的初始延迟，选择此项。
- Distribution：分布函数类型(negative exponential 或 piecewise linear：负指数或分段线性)。
- Add：将分段数据添加到表中。
- Delete：从表中删除分段数据。
- Export：将分布函数数据导出到文本文件。

(4) Station Dwell and Delays：车站停留和延误。

- Add Delays to：延误处理[添加 departure time(Dept. Time)或停留时间(Dwell)]。
- Use max. Station Delay：选中此复选框表示仿真时应用基于车站的最大车站延迟。
- Used Station Delays[%]：车站延迟的可能性。
- Dwell Time Variation：停站时间变量(可选)。
- Dept. Process Time：离站处理时间(可选)，单位 s。

(5) Performance Distribution：性能分配。

- Use performance Distribution(On Time)：选择此项表示用于准点列车的分配函数表。
- Use performance Distribution(delayed)：选择此项表示用于晚点列车的分配函数表。
- Add：将间隔数据添加到表中。
- Delete：从表中删除间隔数据。

(6) Timetable Defaults：时刻表默认值。

- Stop at every Station：所有车站的默认停站时间(Dwell)，单位 s。
- Timing Stations：计时车站，所有车站或者基于车站数据库定义的车站。
- Min. Connection Time：列车连接的等待时间的默认最小值。
- Use Track Names：根据所选类型在时刻表中使用轨道的名称。

(7) Category Delay Settings：延迟设置。

- Small Delay[s]：列车晚点的最小值(>0；默认值=1 s)，单位 s。
- Medium Delay[s]：列车延误超过该值视为中等延迟(>0；默认值=60 s)，单位 s。
- Large Delay[s]：列车延误超过该值视为较大延迟(>0；默认值=300 s)，单位 s。

(8) Colors：颜色。

- Category Color：列车类别颜色。
- Background Color：背景色(用于动画)。

(9) Misc.：其他项设置。

Driving on Sight Speed[km/h]：人眼观察驾驶时的列车最高速度。

(10) 停站时间变量(Dwell Time Variation)：停站时间变量用于定义提前或延迟列车的停站时

间(准点列车使用计划的停站时间),可以指定为计划停站时间的百分比或秒。停站时间变量描述了列车提前到达(延迟≤-1.0 s)和延迟到达(延迟≥1.0 s)时应如何更改停站时间,它允许正负时间和百分比值。

例如,属性参数 Dwell Time Variation Early Trains 设置了“-20% for delays <=-10 s”,则提前 10 s 或以上到达的列车将其停站时间(计划停站时间/停站时间相比)缩短 20%。

属性参数 Dwell Time Variation Delayed Trains 设置了“10 s for delays>=15 s”,则延迟 15 s 或更长时间到达的列车将其停站时间(与计划停站时间相比)延长 10 s。

5.7.2　按列车类型划分调度优先级

在 OpenTrack 中,可以使用列车类型窗口为各种类型的列车分配调度优先级。

列车类型中的列车优先级可以用 delay 属性定义,在列车类型窗口的调度框的表格中设置完成,用户可以在该表中输入数据,以定义具有不同延迟等级列车的优先级,例如,可以增加或减少具有较大延迟列车的优先级。

每种类型列车都有一个用户定义的 look ahead 区域。在仿真时,列车监控其前方的区域,以确定该区段中是否存在优先级较低的列车。look ahead 区域是根据距离和时间来定义的,它是空间距离(Look ahead Distance[m])定义或列车当前速度(m/s)与 Look ahead Time 乘积的最大值。

如果在 look ahead 区域中识别出具有较低优先级的列车,系统则尝试将较低优先级列车切换移动到备选的线路上,将此进路留给较高优先级的列车。一旦高优先级列车超越低优先级列车,则低优先级列车回到原来进路上继续其行程。

OpenTrack 有两种方式将列车切换到备选进路上:进攻式和防守式。在进攻式进路选择的情况下,无论下一条进路的状态是空闲、占用还是预留状态,列车都会切换到备选线路上。

在防守式进路选择的情况下,只有当轨道占用是由于停止的列车、反向行驶的列车或由于干扰而导致时,列车才会切换到另一条线路,如果轨道被同一方向行驶的列车占用,列车则不会切换到备选线路。

5.8　分布函数

OpenTrack 软件在几个不同的模块中使用了分布函数,包括延迟分布函数和仿真过程中事件和干扰的持续时间。OpenTrack 将所有分布函数存储在中央分布函数数据库中。OpenTrack 分布函数数据库中以唯一的名称存储用户定义的分布函数(该名称显示在使用分布函数功能的 OpenTrack 函数中)。

选择 Tools→Distributions 命令打开分布函数管理对话框,如图 5-16 所示。

OpenTrack 当前允许的分布函数是分段线性分布的形式。通过使用(From[s])和(To[s])命令指定事件在用户定义的时间间隔内发生的概率(Perc.[%])来表示。分布函数中的概率总和应等于 100%,如果不是这样,概率列将显示为红色。OpenTrack 提供编辑数据、删除或添加分段间隔的命令。

图 5-17 中的分布函数表明,事件发生在 0~10 s 之间的时间内的概率为 10%,发生在 10~20 s 之间的概率为 80%,发生在 20~60 s 之间的概率为 10%。

(1)Distributions:用户定义的分布函数列表。

(2) Distribution：显示分布函数类型。

(3) New：创建新的分布函数。

(4) Edit：编辑选中的分布函数。

(5) Duplicate：复制选定的分布函数。

(6) Delete：删除选定的分布函数。

编辑模式下，分布函数编辑对话框如图 5-18 所示。

(1) Add：创建新分段，以便用户可以输入数据。

(2) Delete：删除所选分段。

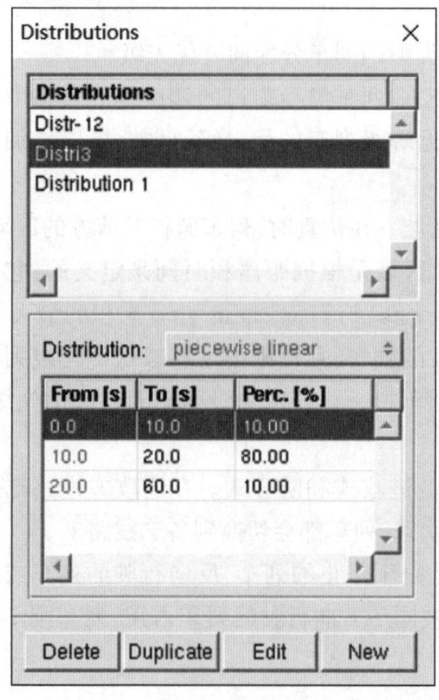

图 5-17 分布函数管理对话框

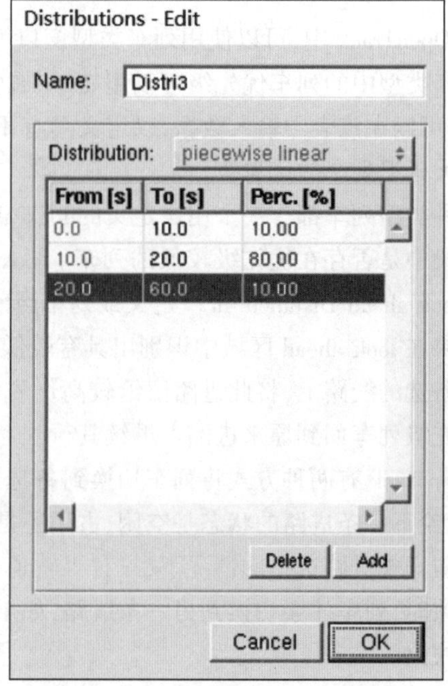

图 5-18 分布函数编辑对话框

1. 简述列车建模的基本流程和基本参数。
2. 简述 OpenTrack 软件中列车的分类。
3. 简述列车创建和编辑方法。

第 6 章　车次与列车时刻表

学习目标

- 理解车次的概念和建立方法。
- 理解列车时刻表的概念和建立方法。

OpenTrack 软件使用术语车次来描述列车实际运行的行车线路和其所对应的时刻表数据的组合。本章介绍 OpenTrack 软件中建立和管理车次和列车时刻表的方法。

6.1　列车运行方案设计

在完成基础设施和列车的建模后，接下来需要进行运行方案设计，通过车次、列车时刻表和列车接续关系的建立，确定列车的运行方案，列车运行方案设计流程如图 6-1 所示。

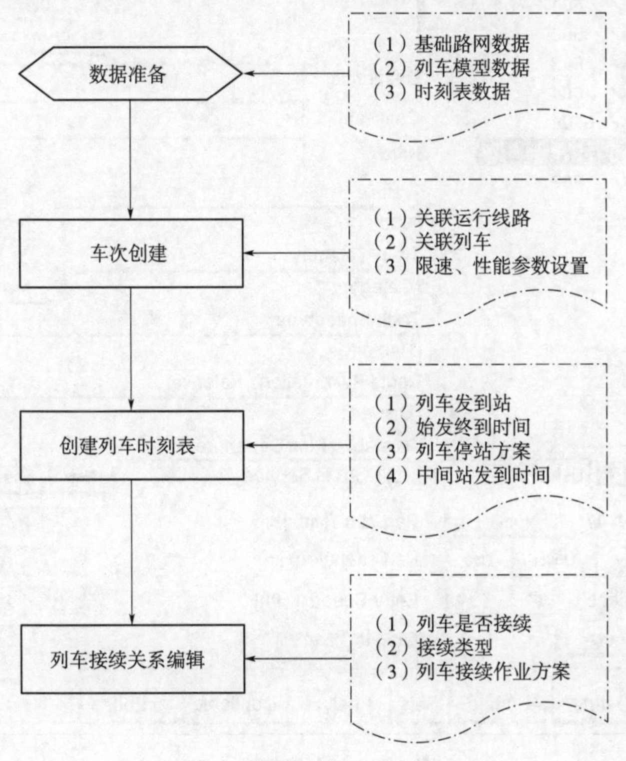

图 6-1　列车运行方案设计流程

6.2 车次管理

OpenTrack 使用术语车次(Courses)定义某段时间(例如一天)的列车运行。车次由一系列行车线路(Itineraries)和其所对应的时刻表(Timetables)数据,列车、车次号(每个编号必须是唯一的)、列车类型(速度类型)和限速要求等信息构成,一个车次与一个列车在运行线路上运行的时刻数据对应。车次还规定了采用的列车闭塞间隔原则(即离散闭塞,移动闭塞),表明了列车运行的时间/空间位置关系。从另外的角度看,车次可以视为特定"列车"方式。

列车司机的行为也可以在车次中定义,例如,在仿真过程中,列车停靠站或通过车站时,实际时间与计划时间(时刻表中定义)进行比较,在列车准点或晚点时,用于确定列车在下一区段将如何加速和使用何种速度特性。例如,95% 的加速度值意味着将使用 95% 的技术上可能的加速度,但也意味着仅使用 95% 的行驶速度在此路段上。

6.2.1 车次管理参数

选择 Tools→Courses/Services 命令打开车次管理对话框,如图 6-2 所示。

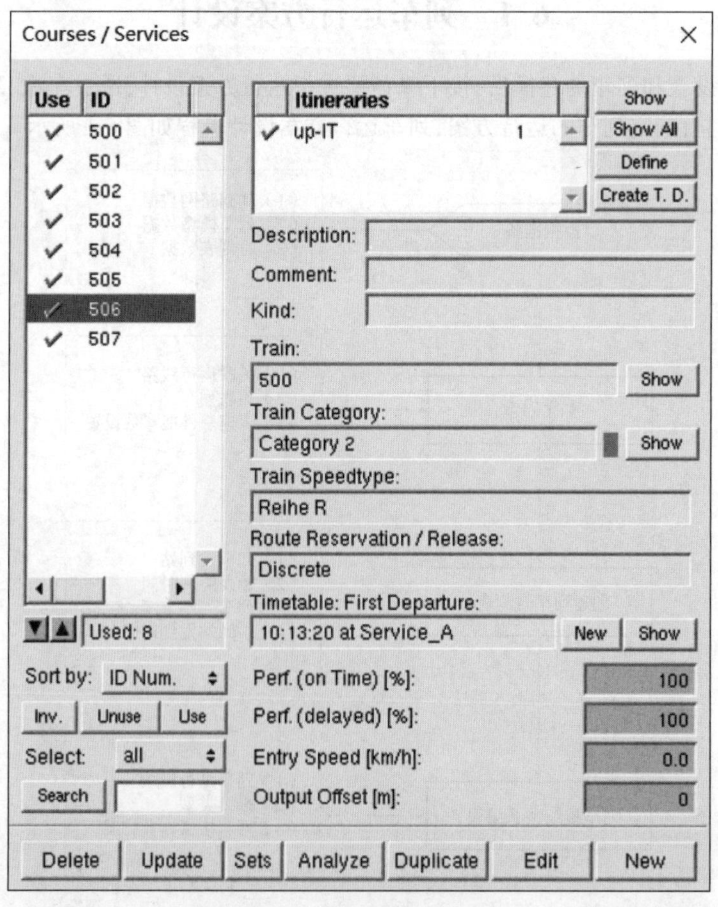

图 6-2 车次管理对话框

车次管理对话框信息描述如下：

(1)车次列表：

• Use：车次列表中以“√”表示选中此项，表示此车次在仿真过程中将被执行。

• ID：车次编号（车次编号可由数字和字母组成，至少包含一个数字，而且是唯一编号）。

(2)Itineraries：占用的运行线路列表，运行线路名称前的“√”表示运用此运行线路。

• Show：在运行线路对话框中显示运行线路详细信息。

• Show All：工作表区域内高亮显示所选车次所用的所有运行线路（优先级1为红色，其他优先权为橙色颜色）。

• Define：自动分配合适的运行线路。

• Create T. D.：生成所选车次的列车运行图。使用此功能需要确保最高优先级（priority1）对应的运行线路数据文件打开，是快捷生成列车运行图的一种方法。

(3)Description：车次的描述。

(4)Comment：评价信息（可选）。

(5)Kind：描述车次的类型（可选）。

(6)Train：列车名称。

(7)Train Category：列车类型。

(8)TrainSpeedtype：列车速度类型（对应菜单 Info→Preferences 中的列车速度类型和线路属性）。

(9)Route Reservation/Release：进路锁定/释放方式。

(10)Timetable：First Departure：列车在首发站离站时间（数据来自时刻表数据，所选车次无对应时刻表数据时，显示 No Timetable）。

• New：为被选择的车次创建新时刻表（提示：所有运行线路所在文件必须全部打开）。

• Show：所选择车次对应的列车时刻表数据显示在时刻表窗口中。

(11)Perf.（on Time）：按计划准点运行车次的特定性能系数（%）（在仿真时，性能系数实际上是特定于车次的加速系数乘以全局性能系数）（选择 Tools→Simulation 进行设置）。

(12)Perf.（delayed）：延迟车次的特定性能系数（%）。

(13)Entry Speed：仿真开始时，列车进入运行线路的起始速度（km/h）。

(14)Output Offset：偏移距离［在数值为非零时开始收集数据（m）］。

(15)Sort by：对车次列表排序。

(16)Inv：反转所有选定车次的使用标志（√表示应用此车次）。

(17)Use：设置所有选定车次的使用标志。

(18)Unuse：删除所有选定车次的使用标志。

(19)Select：根据不同的标准选择车次。

(20)Search：应用车次 ID 字段，在车次列表中搜索车次。

(21)New：创建一个车次。

(22)Edit：编辑选定的车次。

(23)Duplicate：复制选定的车次。

(24)Analyze：显示分析面板，分析仿真过程中的列车数据。

(25)Sets：车次集合（车次组）。

(26)Update：更新所有选定车次的时刻表。

(27) Delete:删除选定的车次。

“车次”面板还支持多个上下文菜单(右键菜单)功能,允许用户快速更改选定的内容(反转、未使用、使用、编辑、复制、删除等功能)。

如果只选择了一个车次,则上下文菜单包含用于触发单个列车仿真的命令 Start Course,无论是否有复选标记,都可以触发这个过程。

6.2.2 定义新车次

图 6-3 所示的 Courses/Services-Edit 对话框可用于新车次的定义,操作步骤如下:

(1) 选择 Tools→Courses/Services 命令,打开车次管理对话框,见图 6-2。

(2) 单击 New 按钮打开新车次编辑对话框,如图 6-3 所示。

(3) 输入新车次编号(Course ID)和文字描述。

(4) 为此车次添加列车运行线路(双击选中的运行线路即可应用到新建车次中)。

(5) 输入车次的其他相关参数信息。

(6) 单击 OK 按钮将新建车次添加到车次列表中。

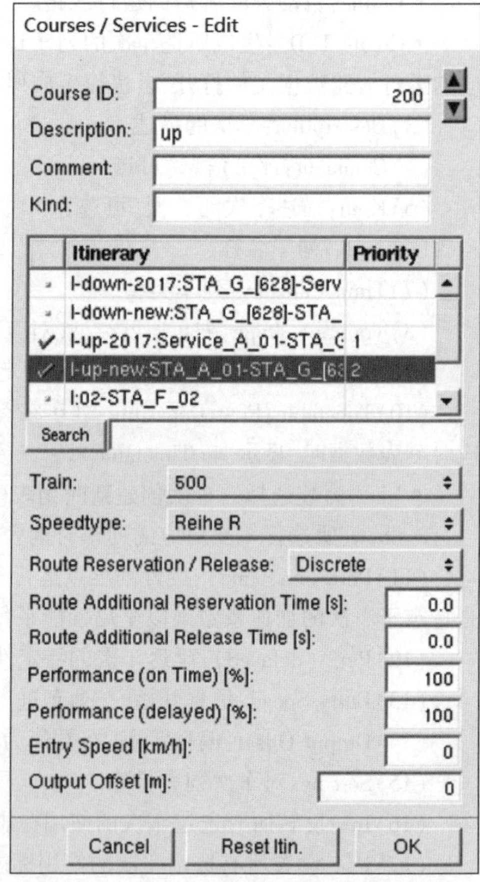

图 6-3 新建车次编辑对话框

新建车次编辑对话框参数描述如下:

(1) Train:列车类型,来源于列车数据库中,可以通过下拉列表选择。

(2) Speedtype:速度类型(对应参数设置中的速度类型,可选择 Info→Preferences 命令设置),可以通过下拉列表选择。

(3) Route Reservation/Release:区段占用和释放类型,通过如图 6-4 所示的下拉列表选择。

- Discrete:离散方式占用或释放区段。
- Discr. /Mov. :离散方式占用区段,连续方式释放区段。
- Moving:连续占用和释放区段。
- Moving(CBTC):基于 CBTC 信号系统连续占用或释放区段。

(4) Route Additional Reservation Time(s):特定区段附加的锁定时间(s)。

(5) Route Additional. Release Time(s):特定区段附加的解锁时间(s)。

(6) Performance(on Time)[%]:准点运行时的性能系数。

(7) Performance(delayed)[%]:延迟运行时运行系数。

(8) Entry Speed[km/h]:仿真开始时,列车进入运行线路的起始速度(km/h)。

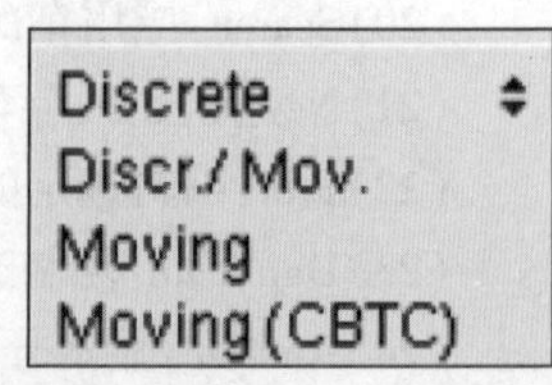

图 6-4 选择区段占用方式

(9) Output Offset[m]:偏移距离(m),在数值为非零时开始收集数据。

运行线路采用不同优先级的形式分配给列车，最高优先级是1。如果两个点之间有多个不同优先级的运行线路可用，OpenTrack会分配预留最高优先级的可用运行线路。

运行线路的锁定时间和解锁时间可以通过车次的特定属性 Route Additional Reserve Time 和 Route Additional Release Time 进行控制，一条运行线路的运行总时间是区段本身的锁定时间加上车次附加锁定时间的和。类似地，解锁线路所需的时间是车次附加解锁时间加上线路本身的解锁时间。

按钮 Reset Itin 可以从列表中删除所有非活动的运行线路，包括从未打开文档中的运行线路或已经不存在的运行线路。

6.2.3　车次集合

车次集合(Course Sets)为用户提供了一个灵活的工具，用于选择、编辑或激活一组车次的功能。

车次集合是由用户定义并命名的一组车次，可以由任意数量的车次组成。

在车次集合对话框中对车次集合进行管理(在“车次”管理窗口中，单击 Sets 按钮)，如图6-5所示。

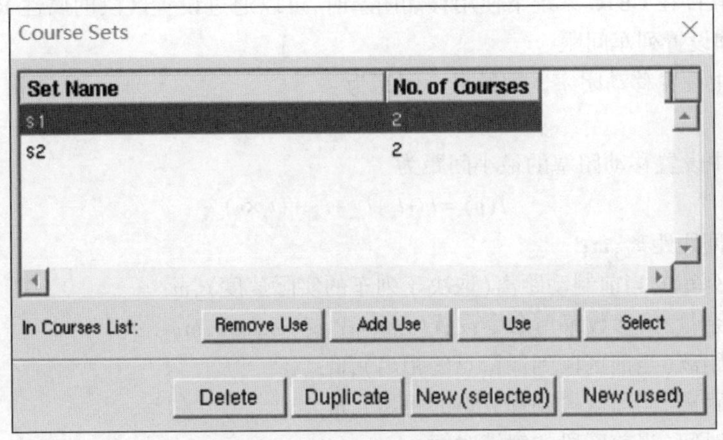

图6-5　车次集合管理对话框

车次集合对话框参数描述如下：

(1)车次集合列表：列出了已有车次集合，并在列表中提供以下功能。

- Select：选择车次列表中属于集合的所有车次(取消选择所有其他车次)。
- Use：只激活列表中属于车次集合的车次(并且停用所有其他车次)。
- Add Use：激活列表中车次集合中的所有车次(不停用其他车次)。
- Remove Use：停用车次列表中车次集合中的所有车次。

(2)对话框下面的按钮可以对车次集合进行操作，详细说明如下：

- New(used)：使用车次列表中的活动车次(已使用的)创建新车次集合。
- New(selected)：使用车次列表中选定的车次创建新的车次集合。
- Duplicate：复制车次集合。
- Delete：删除车次集合。

另外，车次集合对话框还提供了上下文菜单(右键菜单)，如图6-6所示。

- Show Course：列出该集合中的所有车次，所选车次均在车次列表中。

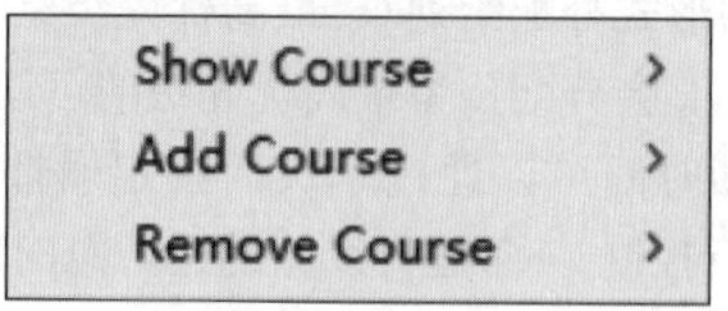

图 6-6　车次集合窗口快捷菜单

- Add Course：列出不属于车次集合的所有车次，将选中的车次添加到指定集合中。
- Remove Course：列出该集合的所有车次，将选定的车次从集合中删除。

6.2.4　应用 CBTC 信号系统的车次属性设置

基于 CBTC 通信的列车控制系统中，采用移动闭塞方式，两列车之间的最小距离等于后列车的实际制动距离加上安全余量。有些铁路标准中增加了额外参数来增加列车之间的间距，例如在特定位置增加间距或速度相关参数。

OpenTrack 软件在 CBTC 系统下使用移动闭塞时，可以通过设置区段的属性 Route reservation/Release 参数附加设置列车间距。

OpenTrack 中设置移动闭塞区间的最小间距为

$$l(v)=l_b+l_s$$

CBTC 系统中设置移动闭塞的最小间距为

$$l(v)=l_b+l_s+l_{res}+l_{rel}+(t_r\times v)$$

式中：l——最小间距距离，m；

l_b——后继列车的当前制动距离（取决于列车的实际速度），m；

l_s——安全余量，由参数菜单命令设置（Info→Preferences），m；

l_{res}——保留距离（当前区段到保留点的距离），m；

l_{rel}——释放距离（当前区段到释放点的距离），m；

t_r——反应时间（当前区段的解锁时间），s；

v——后续列车的当前速度，m/s。

当前区段由列车车头的位置确定。

6.2.5　车次的人工调度

选择 Tools→Course→Analyzer 命令或双击 CourseID，用户可以选择车次的调度方式是自动调度（Automatic Dispatch）还是人工调度（Manually Dispatch）。

如果列车是人工调度，OpenTrack 允许用户在每个信号机上使用右键设置进路（Set Route）或预留进路（Reserve Route），超出范围的变成预留进路（已预留进路显示为浅绿色）。用户可以根据指定的运行线路（按优先级排序）从车次可用的所有进路列表中进行选择。

设置进路（Set Route）意味着即将使用该进路，OpenTrack 将在最佳时间进行进路锁定。

预留路线（Reserve Route）是指尽快锁定进路。

6.3　时刻表数据

时刻表数据是 OpenTrack 软件描述、管理仿真中期望的列车运行时所需要的列车出站时间、最小停站时间及列车间的接续关系和其他仿真需要的关键性数据。时刻表数据与车次的关系紧密，因为时刻表数据定义了某个车次和它的类型。

一个车次包括其对应的时刻表数据，包含了车次编号、车站、列车到站时间、离站时间和最小停站时间，列车之间的接续关系（如列车联编、列车解编等），可以是停站列车，也可以是通过列车，以及列车在车站接续后的车次变化等的相关数据（可选）。

6.3.1　列车时刻表案例数据

实际运行的列车时刻表数据通常是根据列车的运营计划计算列车时刻表，本书案例中，对上午时段（上午 10:00—11:00）双向列车的运行进行仿真，上行列车的车次号为偶数，始发车次号为 500；下行列车的车次号为奇数，始发车次号为 501。500 次和 501 次列车分别在 10:00 开始上行和下行，500 次车于 09:58 从车站 A 出发，开往车站 G，见表 6-1。501 次车于 10:00 从车站 G 出发，开往车站 A，见表 6-2。后续的上行和下行列车按照计划的发车间隔进行发车。

表 6-1　500 次列车时刻表

车　站	时　间			
	到站时间	发车时间	站间行车时间	停车时间
Service A		9:58:20	0:01:10	
Station A	9:59:30	10:00:00	0:01:10	0:00:30
Station B	10:01:10	10:01:45	0:01:30	0:00:35
Station C	10:03:15	10:03:45	0:01:20	0:00:30
Station D	10:05:05	10:05:35	0:01:10	0:00:30
Station E	10:06:45	10:07:20	0:01:20	0:00:35
Station F	10:08:40	10:09:10	0:02:00	0:00:30
Station G	10:11:10	10:11:40		0:00:30
全程时间	0:11:10			

表 6-2　501 次列车时刻表

车　站	时　间			
	到站时间	发车时间	站间行车时间	停车时间
Station G		10:00:00	0:02:00	0:00:30
Station F	10:02:00	10:02:30	0:01:20	0:00:30
Station E	10:03:50	10:04:25	0:01:10	0:00:35
Station D	10:05:35	10:06:05	0:01:20	0:00:30
Station C	10:07:25	10:07:55	0:01:30	0:00:30
Station B	10:09:25	10:10:00	0:01:10	0:00:35
Station A	10:11:10	10:11:40	0:01:10	0:00:30
Service A	10:12:50	10:12:50		
全程时间	0:11:10			

6.3.2 OpenTrack 中的时间格式

OpenTrack 中使用的一般时间格式是 HH:MM:SS,但程序中包括了日偏移量的选择,日偏移量允许用户在多个仿真日内运行仿真(早期版本的 OpenTrack 软件限制为一个服务日,即最长仿真时长为 24 小时)。

OpenTrack 的所有时间输入都使用相同的时间格式,包括时刻表中的列车到达和离开时间、事件发生时间、绘图中的时间值、仿真开始和结束时间等。日偏移量默认值为 0,即第一个仿真日。目前,OpenTrack 软件中,时间的定义形式如下:

Time = Day Offset×1 day+HH Hours+MM Minutes+SS Seconds

日偏移量通常显示在时间信息的左侧(以 HH:MM:SS 的格式显示),空白则表示日偏移量为零,即仿真的第一天。

用户可以通过菜单命令 Tools→Timetable 中的属性 show day(显示日期)选择是否显示日偏移量。

6.3.3 时刻表信息

选择 Tools→Timetable 命令可以打开时刻表对话框,如图 6-7 所示。时刻表中,只有第一站的出发时间是必填的,其他车站的到达时间、出发时间和通过时间都是可选的。如果没有定义时间,单元格中显示 HH:MM:SS,双击可以进入编辑状态,输入自定义时间数据。

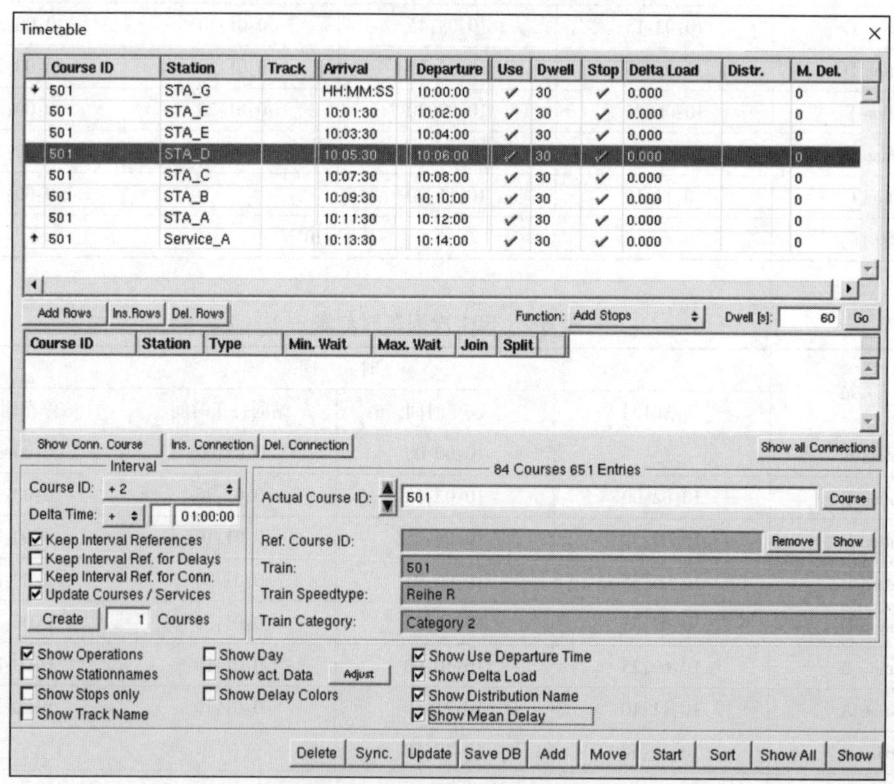

图 6-7 时刻表对话框

时刻表对话框信息描述如下：

(1)Course 信息：时刻表对话框的顶部显示了所选车次的数据，列表中各列的信息内容如下。

- Course ID：车次编号。
- Station：车站缩写。
- Track：轨道/站台信息(可选)。
- Arrival：到站时间(HH：MM：SS)。
- Departure：离站时间(HH：MM：SS)。
- Use：使用离站时间。
- Dwell：最小停站时间(s)。
- Stop：选择此项，列车在此站停车。
- Delta Load：附加载荷(以吨为单位)(可选)，用于添加或移除负载(乘客和货物)，改变的列车荷载将影响列车性能。通过时刻表下面的复选框(Show Delta Load)选择是否显示附加载荷列。
- Distr.：分布函数名称(可选)；通过时刻表下面的复选框(Show Distribution Name)选择是否显示分布函数名称列。
- M. Del.：各种延迟场景(1至200)的平均延迟时间(单位：秒)(指数分布)，参考7.3.1内容。

(2)Course 车次接续命令：

- Add Rows：向某个车次的时刻表数据库中添加新行。
- Ins. Rows：向某个车次的时刻表数据库中插入新行。
- Del. Rows：从某个车次的时刻表数据库中删除选定的行。

(3)Function 下拉列表(见图6-8)可以应用于一组选定的记录，每个功能的参数可以在右侧的文本框中进行编辑，单击最右侧的 Go 按钮，可以保存编辑的记录。

Add Stops
Remove Stops
Set Mean Delay
Set Distr. Name
Ins. Connection
Ins. Turnround to
Ins. Turnround from

图6-8 Function 的下拉列表

- Add Stops：增加一个计划中的车站停车。
- Remove Stops：删除一个计划中的车站停车。
- Set Mean Delay：设置平均延迟值。
- Set Distr. Name：设置分布函数的名称。
- Ins. Connection：输入衔接车次ID。
- Ins. Turnround to：在最后一站加入折返定义，输入一个不同的车次ID(需要时刻表中已有的车次ID)。
- Ins. Turnround from：在第一站加入折返定义，输入一个不同的车次ID(需要时刻表中已有的车次ID)。

(4)Connections 列表：衔接列表，显示所选车次的衔接数据(参见6.4节)。

- Course ID：衔接车次编号。
- Station：车站缩写(根据衔接定义进行衔接作业的车站)。
- Type：在 Arr./Pass 之间交替。输入与到达/过站时间的关系，或输入部门与出发时间的关系。

• Min. Wait：最小衔接作业时间(HH：MM：SS)，如解编或联编作业。

• Max. Wait：最长衔接作业时间(HH：MM：SS)，在该时间到期后，或者如果衔接列车延误超过最长衔接时长，则衔接作业中止。如果未定义最大衔接时间，则在任何情况下都等待衔接作业完成。

• Join：列车是否连接(联编)的信息。选择此项，则列车进行被联编。

• Split：列车是否分离(解编)的信息。选择此项，则列车被解编。

• Show Conn. Course：显示衔接列车的时刻表数据。OpenTrack 会自动定义选择了衔接的车站的时刻表数据记录。

• Ins. Connection：在衔接数据表中生成所选衔接车次的记录。

• Del. Connection：从衔接数据表中删除选定的衔接车次。

• Show all Connections：打开衔接窗口显示某选定车次的所有衔接信息。

(5) Interval：可用于根据所选车次定义间隔列车，用户可以根据已经定义好的车次，输入一个时间间隔和车次 ID 号间隔，快速定义新的车次，其基本性质与模板车次相似，这项功能是进行多列车追踪运行仿真时一个非常方便、实用的功能。

• Course ID：更改车次编号的方式，应用右侧的下拉列表可以选择新生成的车次编号间隔。

• Delta Time：间隔时间，从下拉列表中可以选择间隔时间的加、减操作，后面的文本框中可以输入具体的间隔时间数值。

• Keep Interval References.：选中此项时，在定期间隔车次组中的一个车次发生了变化，同组中的其他列车也会同样变化。

• Keep Interval Ref. for delays.：选中此项时，定期间隔车次组中分布延迟或中间车次延迟发生变化，同组中的所有其他列车也将跟随发生变化。

• Keep Interval Ref. for Conn.：选中此项时，在定期间隔车次组中，一个车次的衔接关系发生变化，该组车次中的所有其他车次也会变化。

• Update Course/Services：选中此项时，新添加的间隔车次，会自动加入车次管理对话框中。

• Create：单击此按钮，创建基于所选车次的指定数量的间隔车次。创建数量在右侧的文本编辑框中输入。

(6) Course 信息总结：

• Actual Course ID：所选的实际车次号，可以通过右侧的上下列表框，按顺序显示时刻表中的车次号。

• Ref. Course ID：间隔车次的参照车次号。

• Train：被选定车次的列车信息。

• Train Speedtype：选定车次号的列车速度类型。

• Train Category：选定车次号的列车。

• Course：在车次管理对话框中显示车次信息。

• Remove：从一组定期间隔的车次组中删除当前选中的车次。注意：参考车次不能删除。

• Show：显示参考车次的时刻表数据。

(7) 允许用户设置的某些显示选项：

• Show Operations：选择此项，在时刻表的第一栏中显示衔接关系及其类型。

• ShowStationnames：选择此项，显示车站全称或缩写名称。

• Show Stops only：选择此项，仅显示列车停车的车站（起点站和终点站永远显示）。

• Show Track Name：选择此项，显示轨道名称的列。

• Show Day：选择此项，显示每天的日偏移量。

• Show act. Data：选择此项，可显示上次仿真的实际计算时间以及计划时间表数据（计划时间）。为在仿真过程中显示实际时刻表数据和计划时刻表数据，必须在 Tools→Simulation 中选择 Planned→Timetable Statistics。

• Show Delay Colors：选择此项，在时刻表中彩色显示实际时刻表数据和计划表时刻数据之间的偏差。

• Show Use Departue Time：时刻表中显示一列，用于显示车站是否为时间对照车站的信息。

• Show Delta Load：显示增量负载列。

• Show Distribution Name：显示包含车站延迟分配函数名称的列。

• Show Mean Delay：时刻表中显示一列，用于显示车站延误的平均延误。

• Adjust：单击此按钮，则将仿真过程中计算生成的实际时刻表数据作为计划数据输入数据库，作为下次仿真的计划时刻表数据应用。

（8）用户管理时刻表数据库功能按钮：

• Show：显示选定车次的时刻表数据。

• Show All：显示所有车次的时刻表数据。

• Sort：按照车次编号对时刻表数据排序。

• Move：以给定的时间偏移量，向前或向后调整所选列车在各车站的到站、出发时间（此车次的所有时刻数据均以固定时间偏移量更改）

• Add：将两个时刻表一起插入或附加上新的时刻表给选定的车次上。

• Start：触发当前车次的单列车仿真。

• Save DB：时刻表数据写入数据库（在应用程序终止时自动发生）。

• Update：更新时刻表数据。

• Sync.：删除数据库中没有的车次记录对应的所有计划数据。

• Delete：删除所选列车或所选的衔接关系。

6.3.4　输入新的列车时刻表

当用户已按照 6.2.2 节中的程序定义了新的车次，并希望输入车次的时刻表数据时，可以按如下步骤进行操作。

（1）在车次管理对话框（见图 6-2）中选择车次，要求包含此车次对应的所有文件必须是打开的。

（2）按车次的属性 New Timetable，打开时刻表管理对话框。

（3）在时刻表管理对话框输入运行线时刻表数据。

图 6-9 所示为实际案例 500 和 501 次列车的时刻表数据。

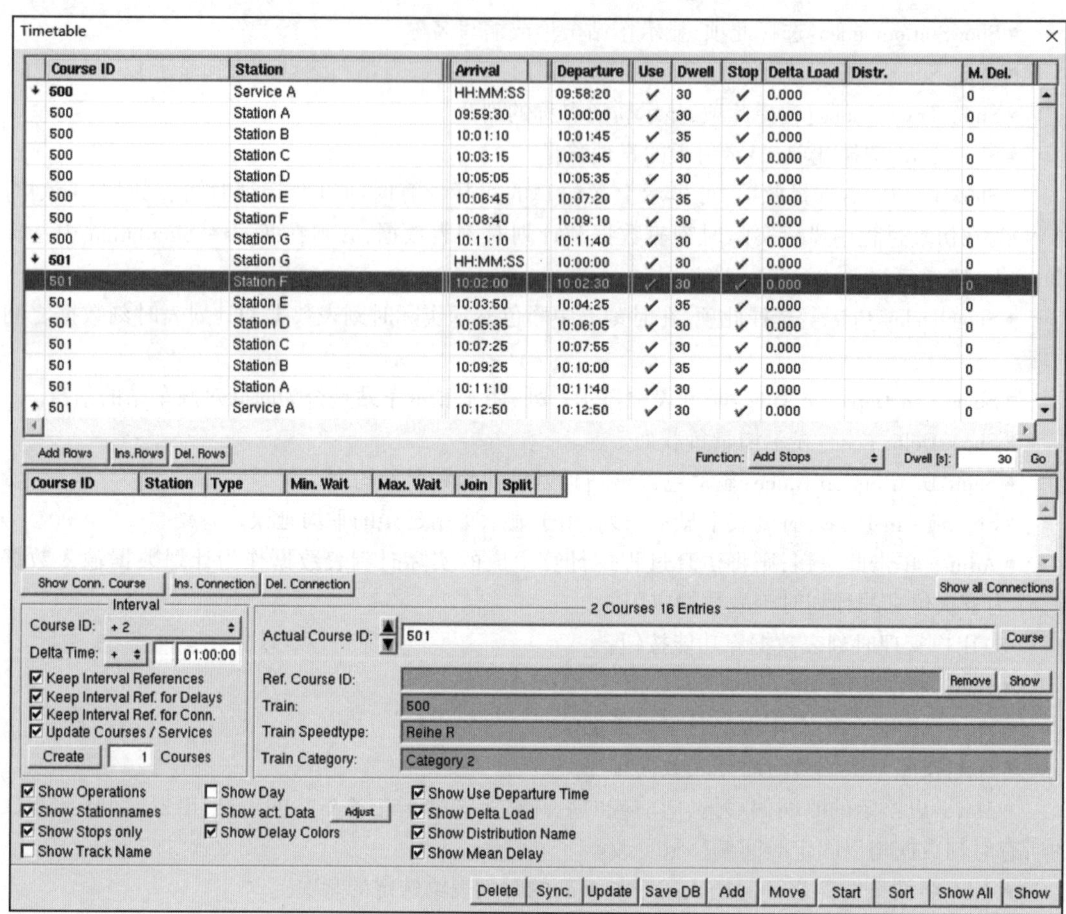

图 6-9　时间案例的时刻表数据

6.4　列车衔接关系

列车的衔接关系(Connections)是指列车在指定位置等待另一列车到达,两列车在车站作业时的相互关系。衔接关系主要针对停站列车(运行线设置的到站、离站时间为参考时间)或通过列车(运行线设置的通过时间为参考时间),在车站作业时两列车运行线相互交叉,通过衔接关系定义时刻表继续延续或在进站信号位置模拟列车运行顺序。

如果在仿真时时间表中定义的衔接关系不可能(例如,如果连接列车未激活,或者连接列车未通过指定的车站位置),OpenTrack 将生成警告消息。

6.4.1　创建衔接关系

创建新的衔接关系的步骤如下:

(1)在时刻表管理对话框中选择要添加衔接关系的车次号及车站。

(2)单击 Ins. Connection(插入衔接关系)按钮在衔接列表中生成一个空白衔接关系。

(3)在连接字段中输入被衔接的列车的车次 ID 号。

(4)输入车站缩写,根据衔接定义,必须在该车站进行衔接作业(默认值:与所选车次的时刻表相同的车站)。

(5)输入衔接类型。

(6)输入最短等待时间[默认值为 7 min,在列车类别(Train Categories)中设置]。

(7)输入最长等待时间(默认时间为无限大,列车将一直等待)。

(8)选择列车是解编或联编。

(9)为有条件的衔接选择参考信号位置(进站信号或出站信号位置)。

在时刻表对话框中,选中 Show Operations 复选框时,时刻表的第一列指示在车站往返的列车是否存在衔接关系。如图 6-10 所示,20000 次列车在 ZET 车站等待有衔接关系的 20001 次列车,最短时间 7 min,未定义最大等待时间(最大等待时间=HH:MM:SS),则在所有情况下列车都会等待衔接。但当列车联编、列车解编或列车会车时的衔接关系不能是最长等待时间。

Course ID	Station	Arrival	Departure	Dwell	Stop	M. Del.
20000	ZET	HH:MM:SS	HH:MM:SS	30	✓	0

Course ID	Station	Type	Min. Wait	Max. Wait	Join	Split	
20001	ZET	Arr./Pass.	00:07:00	HH:MM:SS	•	•	▶

图 6-10　衔接关系实例

具有最长等待时间的衔接关系可以模拟以下几个典型的列车作业场景。

注意:在 OpenTrack 中,如果没有定义最大换乘时间,默认值是无限大。

1. 具有最长、最短等待时间的衔接

图 6-11 所示为一个具有最长、最短等待时间的衔接关系,图中显示,30000 次列车将在 ZET 站等待最长 6 min 和最短 2 min 去衔接列车 7000。如果列车 7000 晚点时间超过 6 min,则此衔接自动取消。

Course ID	Station	Arrival	Departure	Dwell	Stop	M. Del.
30000	ZET	HH:MM:SS	HH:MM:SS	30	✓	0

Course ID	Station	Type	Min. Wait	Max. Wait	Join	Split	
7000	ZET	Arr./Pass.	00:02:00	00:06:00	•	•	▶

图 6-11　具有最长、最短等待时间的衔接关系

2. 条件超车

具有最大等待时间的衔接关系可以模拟列车超车作业,在这种情况下,如果高优先级列车的延迟没有超过某一限制,则低优先级列车可以被高优先级列车超越。

3. 进站顺序

图 6-12 所示为如何使用衔接关系控制列车进入车站的顺序。通过定义一个在进站信号处具有最小等待时间的列车衔接关系,实现控制列车的进站顺序。图中只有在 201 号列车通过 YPS 站后,才允许 301 号列车进入 YPS 站。

Course ID	Station	Arrival	Departure	Dwell	Stop	M. Del.
301	YPS	HH:MM:SS	HH:MM:SS	0	✓	0

Course ID	Station	Type	Min. Wait	Max. Wait	Join	Split	
201	YPS	Arr./Pass.	00:07:00	HH:MM:SS	•	•	▶▌

图 6-12　定义进站顺序的衔接关系

4. 条件停车

图 6-13 所示为在出站信号机处定义衔接关系实现条件停车，当衔接条件未满足时，列车在出站信号处停车，其他情况下，列车可以通过车站而不停车。图中，仅当 8002 次列车没有通过车站 WED 时，8000 次列车才能在此站停车。

Course ID	Station	Arrival	Departure	Dwell	Stop	M. Del.
8000	WED	HH:MM:SS	HH:MM:SS	0	•	0

Course ID	Station	Type	Min. Wait	Max. Wait	Join	Split	
8002	WED	Arr./Pass.	00:00:00	HH:MM:SS	•	•	▶

图 6-13 出站信号处的条件停车衔接关系

6.4.2 列车解编

列车解编是指列车在车站停车期间被分解，分解后的一部分列车仍按照原列车的车次号继续运行。对解编列车而言，原组成列车的机车及其拖车数量减少了。如果解编作业不能完成，例如，分离的部分不是原始列车的一部分或者分离的部分与原始列车完全一致，OpenTrack 会产生警告消息。

图 6-14 所示为列车 30000 在 YPS 车站与列车 20000 解编。在列车 20000 的衔接列表中（图 6-13 左侧下部），列车 30000 具有解编标志；而在列车 30000 的衔接列表中（图 6-14 右侧下部），列车 20000 被定义为无限等待时间的衔接关系。

Course ID	Station	Arrival	Departure	Dwell	Stop	M. Del.
20000	YPS	HH:MM:SS	08:20:00	180	✓	0

Course ID	Station	Type	Min. Wait	Max. Wait	Join	Split	
30000	YPS	Arr./Pass.	00:07:00	HH:MM:SS	•	✓	▶

Course ID	Station	Arrival	Departure	Dwell	Stop	M. Del.
30000	YPS	HH:MM:SS	08:19:00	0	✓	0

Course ID	Station	Type	Min. Wait	Max. Wait	Join	Split	
20000	YPS	Arr./Pass.	00:01:00	HH:MM:SS	•	•	▶

图 6-14 列车解编

6.4.3 列车联编

列车联编是指列车在站台停站过程中，另一辆到来的列车进入同一个站台，两列车合并连接成一辆列车后持续运行，且联编后的列车采用第二列车的车次号。与列车解编类似，两列列车的联编也由衔接关系表定义。

列车联编时，两辆列车中至少有一辆列车使用会合车站一条轨道（换句话说，列车的运行线定义里至少存在一个进路，用于列车会合使用），OpenTrack 会使用处置消息自动协调两辆列车进入同一轨道。第一辆列车知道其通过车站的准确方式，并通过处置消息向第二辆列车报告其车站停靠点。从这时起，第二辆列车必须选择能够通往第一辆列车停靠点的轨道。

图 6-15 所示为在 YPS 站 26000 和 26002 次列车联编的衔接表数据。为了实现两列车联编，这两列车必须在车站定义停车位置，并在连接表中显示与连接的列车有一个连接，每辆列车需要在运行线 ID 字段中识别另一列车，并在 Join 栏中打上复选标记。在仿真时，前一辆列车的机车和载荷被添加到后继列车，联编后的列车采用第二列车的车次号继续行驶。

Course ID	Station	Arrival	Departure	Dwell	Stop	M. Del.
26000	YPS	HH:MM:SS	HH:MM:SS	60	✓	0

Course ID	Station	Type	Min. Wait	Max. Wait	Join	Split	
26002	YPS	Arr./Pass.	00:07:00	HH:MM:SS	✓	•	▶

Course ID	Station	Arrival	Departure	Dwell	Stop	M. Del.
26002	YPS	HH:MM:SS	HH:MM:SS	0	✓	0

Course ID	Station	Type	Min. Wait	Max. Wait	Join	Split	
26000	YPS	Arr./Pass.	00:07:00	HH:MM:SS	✓	•	▶

图 6-15 列车联编

6.4.4　列车折返

列车折返就是列车运行至终点站,经必要的作业调转方向,并赋予新的车次号,并以此站作为起始站继续运行。列车折返是通过折返衔接实现的,折返衔接应该满足以下条件:两辆列车之间的属性必须相同,两辆列车之间必须在同一个车站,在进行折返操作过程中,目标站台一直要被占用,并且在时刻表中显示列车之间的连接关系。

列车折返是通过在终点站创建一个列车解编的衔接关系连接到新的车次号,并在起点站创建一个新运行线与原运行线的连接,来实现列车单元在新运行线及终点站的折返延续。

图 6-16 所示为 20000 次列车到达终点站 PEW 站后,赋予新车次号 20003,并将此站作为起始站继续运行的列车折返方式。

Course ID	Station	Arrival	Departure	Dwell	Stop	M. Del.
20000	PEW	HH:MM:SS	HH:MM:SS	60	✓	0

Course ID	Station	Type	Min. Wait	Max. Wait	Join	Split	
20003	PEW	Arr./Pass.	00:07:00	HH:MM:SS	•	✓	▶

Course ID	Station	Arrival	Departure	Dwell	Stop	M. Del.
20003	PEW	HH:MM:SS	09:15:00	0	✓	0

Course ID	Station	Type	Min. Wait	Max. Wait	Join	Split	
20000	PEW	Arr./Pass.	00:07:00	HH:MM:SS	•	•	▶

图 6-16　列车折返

6.4.5　列车进入被占用轨道

列车衔接时也可在车站中引导列车进入被另一列车占用的轨道。为了允许列车进入被占用的轨道,轨道的进站信号必须通过相应的信号指示明确地允许列车进入占用轨道,进入占用轨道的列车必须减速进入,用户可以通过设置信号属性来降低列车速度(默认值 40 km/h)。有关设置信号属性的更多信息参见第 3 章的 3.5 节。

允许列车进入被占用的轨道或两列列车联编时的信号和线路条件如下:

(1)进入被占轨道的车站进站主信号(Home Signal)已激活:Allow Entry in occ. Block 属性标志(通过 Tools →Inspector 设置或查看)。

(2)从该主信号开始的进路也已经激活:Allow Entry in occupied Block 属性标志(通过 Tools→Routes 设置或查看)。

图 6-17 所示为列车进入被占用轨道的衔接时刻表数据。在图中,6000 次列车在 ZET 站等待 6002 次列车进站,6002 次列车直接停在 6000 次列车后面,两次列车交会的衔接表显示了两辆列车的同时联编和解编。

Course ID	Station	Arrival	Departure	Dwell	Stop	M. Del.
6000	ZET	HH:MM:SS	HH:MM:SS	0	✓	0

Course ID	Station	Type	Min. Wait	Max. Wait	Join	Split	
6002	ZET	Arr./Pass.	00:07:00	HH:MM:SS	✓	✓	▶

Course ID	Station	Arrival	Departure	Dwell	Stop	M. Del.
6002	ZET	HH:MM:SS	HH:MM:SS	0	✓	0

Course ID	Station	Type	Min. Wait	Max. Wait	Join	Split	
6000	ZET	Arr./Pass.	00:07:00	HH:MM:SS	✓	✓	▶

图 6-17　列车进入被占用轨道

习题

1. 简述列车的运行方案设计内容。
2. 简述车次的定义方法。
3. 简述列车衔接关系的定义方法。

第 7 章　仿真运行与数据输出

学习目标

- 了解轨道交通仿真计算的基础理论。
- 了解 OpenTrack 软件仿真过程和数据管理。
- 了解轨道交通仿真结果分析与数据处理方法。

OpenTrack 仿真是在用户给定的约束条件下,包括基础设施、机车、车辆性能、列车时刻表等,模拟列车在轨道网络上运行的行为。本章介绍 OpenTrack 软件仿真基本原理和流程、仿真计算基础、仿真运行过程以及扰动事件,以及仿真时允许用户自定义参数的处理,如时间间隔、计算精度、气候条件和延迟特性等。

7.1　列车运行仿真基本原理与流程

列车运行仿真的基本原理是在特定的场景(包括特定的轨道路网、列车和时刻表参数以及相关干扰参数等)下,模拟所有列车的运行过程,最终获得特定场景下各列车的运行状态信息,用以对列车运行方案、基础设施设计以及运行调整策略等方面进行分析评价及改进,不断迭代,最终得到优化的方案,其基本原理如图 7-1 所示。

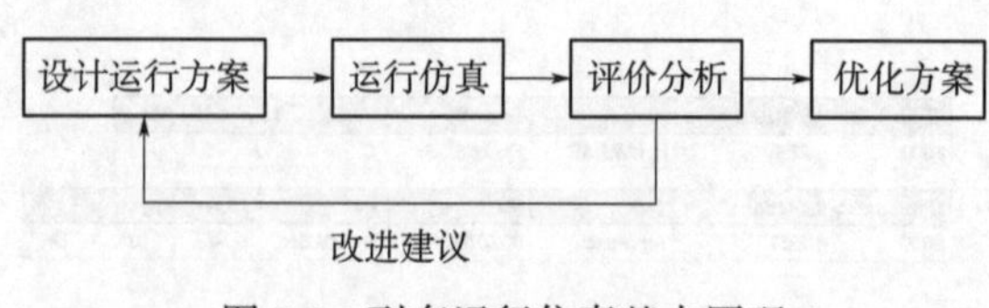

图 7-1　列车运行仿真基本原理

OpenTrack 仿真是在用户给定的约束条件下,包括基础设施、机车、车辆性能、列车时刻表等,模拟列车在轨道网络上运行的行为。列车运行仿真的基本流程如图 7-2 所示。

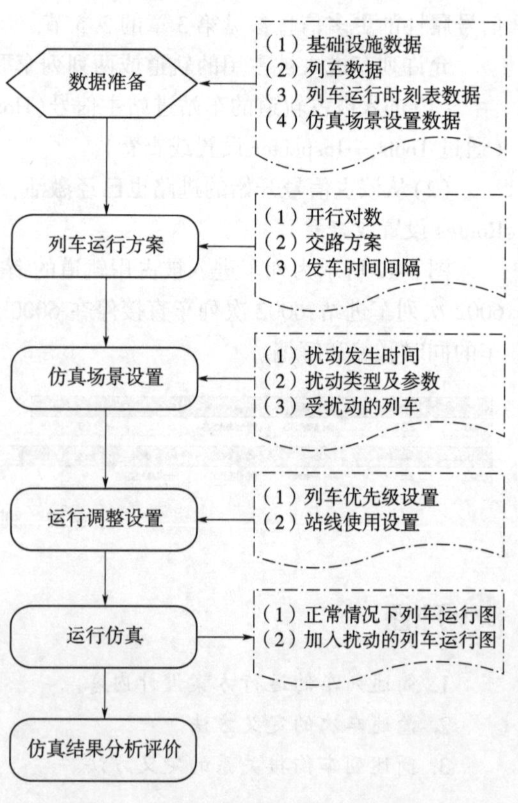

图 7-2　列车运行仿真的基本流程

7.2　仿真计算基础

7.2.1　列车运动计算

OpenTrack 仿真是连续过程仿真和离散过程仿真的混合仿真。列车运动过程是连续仿真,以列车运动方程(微分方程)为基础模拟列车运动;离散过程包括安全装置状态的变化(例如信号灯的变化)或延迟状态。

对于列车运动,无法以独立分析的形式找到运动方程的解,因此采用一种数值方法(欧拉法)来求解列车运动的方程。欧拉法为仿真提供了足够精确的近似值。

动力学基本方程(牛顿第二定律)是列车运动的计算基础,如下式:

$$F=m\times a \text{ 或者 } a=\frac{F}{m}$$

式中:F——机车牵引力,N;

m——列车质量,kg;

a——列车加速度,m/s^2。

为了使列车加速,机车的牵引力必须大于列车受到的阻力。机车牵引力与机车阻力之差为牵引功率盈余,可以用下面公式表示:

$$F_v=Z(v)-R_f(v,s)$$

式中:F_v——机车盈余牵引力,N;

Z——机车牵引力,N;

R_f——机车阻力,N;

v——列车速度,m/s;

s——行驶距离,m。

牵引力是通过牵引力/速度特性曲线来计算,并取决于速度和环境条件(黏着条件)。牵引阻力取决于列车速度和轨道的物理条件。当全部盈余牵引力用于加速列车时,技术上可达到最大加速度。此时,加速阻力等于盈余牵引功率,则有以下公式:

$$a=\frac{F_v}{m(1+0.01\times\rho)}$$

式中:F_v——机车盈余牵引力,N;

a——列车加速度,m/s^2;

m——列车质量,kg;

ρ——旋转质量系数,默认值 1。

列车加速度的大小还与线路的限速值、机车最大速度和列车的牵引质量相关。

欧拉法的原理是,从一个给定的起点计算变量的变化,然后使用前一个函数值(起始值)、前一个函数的导数和一个固定的时间步长来估计下一个函数值。图 7-3 所示的速度-时间曲线中,欧拉法计算某一时间 t 的速度可表示为下式:

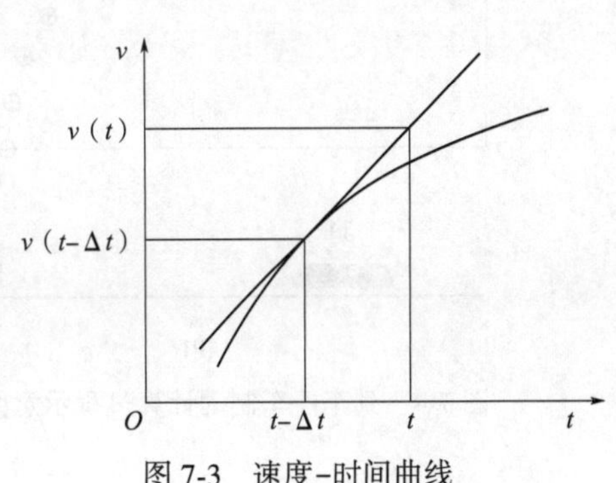

图 7-3　速度-时间曲线

$$v(t)=v(t-\Delta t)+\Delta t\times\frac{\mathrm{d}y}{\mathrm{d}t}(t-\Delta t)\ ;v(t_0)=v_0$$

列车的实际速度通过运动方程积分计算得出，计算公式如下：

$$v=v_0+\int_{t_1}^{t_2}a\mathrm{d}t \text{ 或者 } a=\frac{\mathrm{d}v}{\mathrm{d}t}$$

同理，列车的行驶距离可通过以下积分公式计算，公式如下：

$$s=s_0+\int_{t_1}^{t_2}v\mathrm{d}t \text{ 或者 } v=\frac{\mathrm{d}s}{\mathrm{d}t}$$

7.2.2 列车制动模型

列车的制动过程是一个复杂过程，需要模拟列车中每个机车和拖车的制动行为以及列车司机的操作行为，因此，OpenTrack 采用一个具有足够精度的简化计算模型模拟计算列车的制动过程。其简化方法是根据各类机车的制动特性和各个速度区间的制动率来计算，实验证明该方法可以满足计算精度，并且计算过程简单。表 7-1 所示为某个特定机车的制动在不同速度时制动率的示例。

表 7-1 机车制动率表

v_{von}/(km/h)	v_{bis}/(km/h)	a/(m/s^2)
v_{max}	100	-0.4
100	40	-0.5
40	0	-0.6

制动应用的实际计算是从目标点(如停止点)及其目标速度(即目标点处的速度)向后计算的。图 7-4 所示为列车 T1 在停车信号机 MS1 前停止时的制动计算过程，速度/距离曲线图中标记的点表示各个计算步骤的值。当列车 T1 到达制动点 P1 时，将开始沿着制动曲线制动至停车位置。当列车到达其目标速度或因信号系统的状态变化(例如，信号从停止状态变为继续行驶状态)时，则认为当前制动已完成，并通知列车准备下一次必需的制动。图 7-5 所示为列车减速制动计算的制动曲线示例。

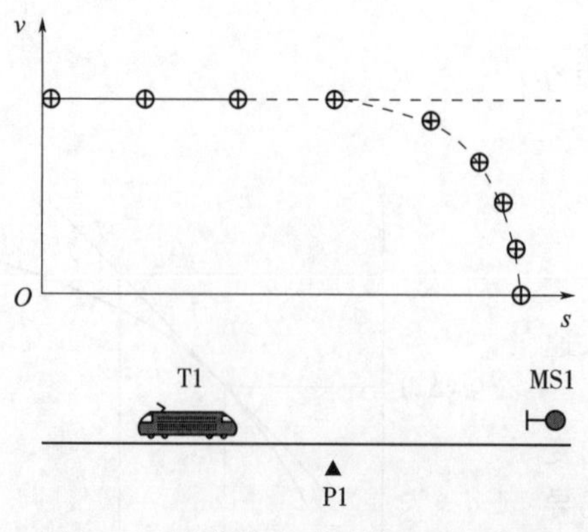

图 7-4 列车停车制动计算过程示意图

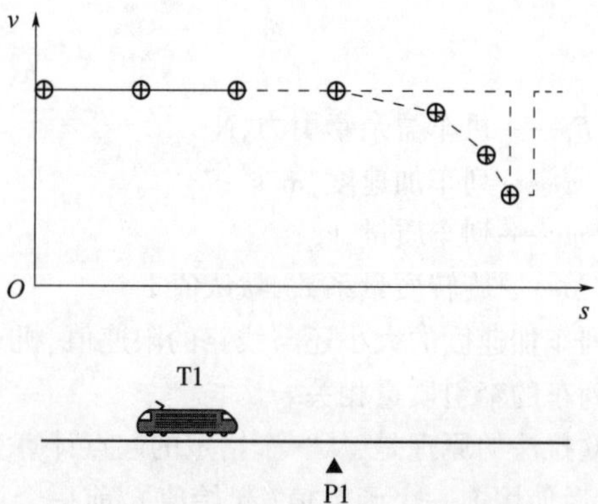

图 7-5 列车减速制动计算示意图

7.2.3　在车站和站点停靠

图 7-6 所示的流程图描述了 OpenTrack 中列车停靠在站台或车站后继续行驶前采取的作业步骤。列车在计划停车后继续行驶前,必须满足以下条件:

(1)必须晚于用户定义的时刻表中列出的最早发车时间。

(2)列车必须在停车处至少停留最短的停车时间。

(3)随机事件产生的延迟时间要包括在内。

(4)必须完成列车的所有衔接作业。

在满足这些条件后,还有一个轨道区段可供使用,则该轨道区段将被预留,然后列车才能加速并驶离车站。

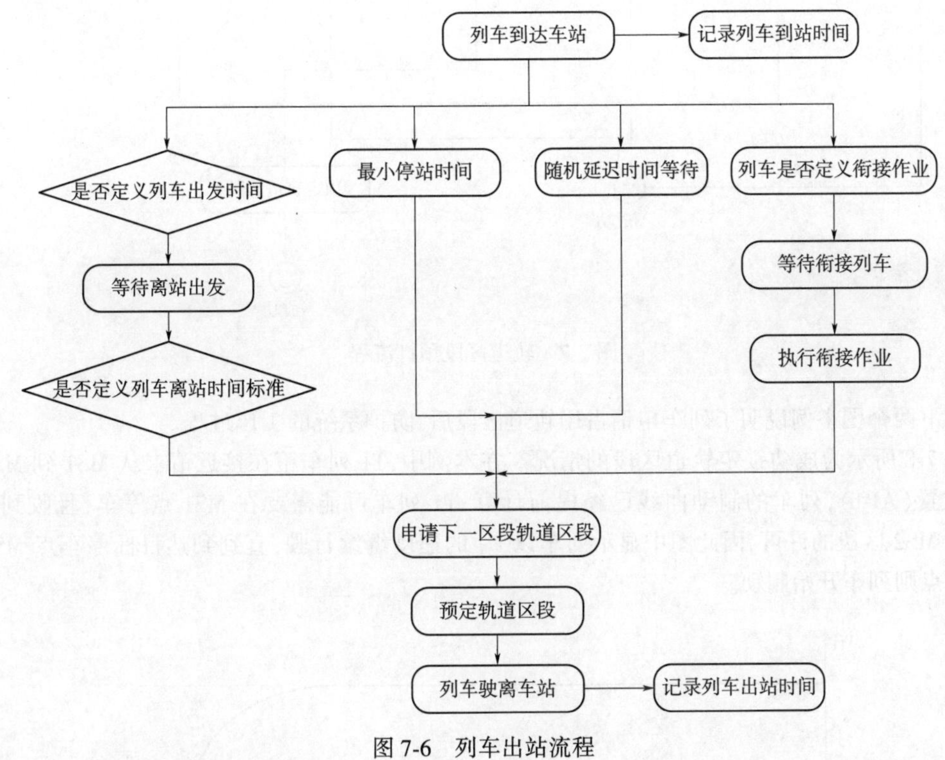

图 7-6　列车出站流程

7.2.4　防护系统的运行方式

防护系统基于以下两个条件保证列车在仿真运行过程中无碰撞冲突,实现安全运行:

(1)每个轨道区段空闲或者最多被一辆列车占用。

(2)每辆列车必须能够在为其锁定的轨道区间内停车。

保护系统应用的安全原理就是通过定义防护区内列车前后的有效距离来实现的。目前,铁路应用的有效方法是将轨道分割成独立的单元或区段,每个区段线路装有一个主信号防护,当信号被设置为停止时,禁止列车在该区段运行。图 7-7 中说明了成功锁定区段的条件,只有在以下情况下,其主信号机才显示继续运行信号:

(1)所有属于该进路的安全要素都是空闲的,或已经为申请列车预留。

(2)申请列车必须在线路的终点处有一条空闲的连续进路。

(3)确保区段闭塞自由,即防止两列车同时占用的同一轨道区段的情况(死锁)。

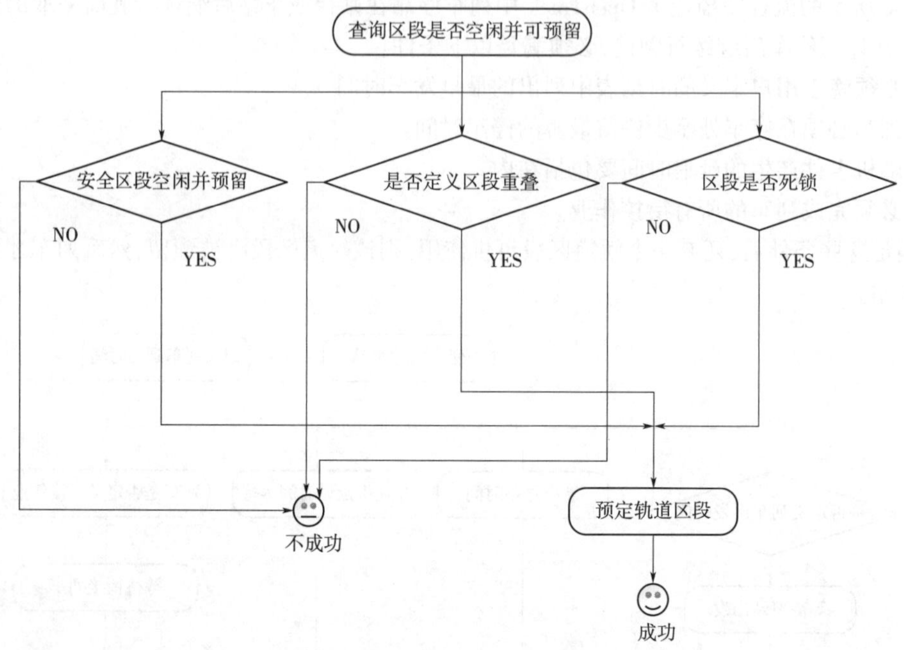

图 7-7　轨道区段预订流程

以下两个图举例说明了列车申请占用轨道区段后,防护系统的工作过程。

图 7-8 所示为成功锁定轨道区段的情况。在本例中,T1 列车正在接近请求从 MS1 到 MS2 区段的位置(AP1),列车的制动曲线已经提前计算,T1 列车可能需要在 MS1 点停车,且收到了从 MS1 到 MS2 区段的许可,因此图中显示列车以 v_{T1} 的速度继续行驶,直到到达目标停车点 MS2 点的制动点则列车开始制动。

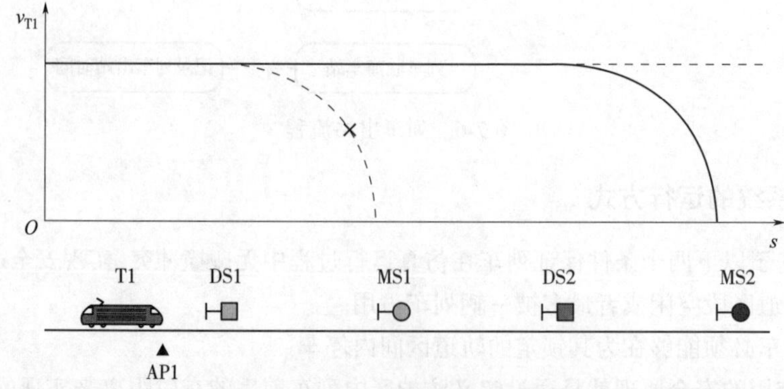

图 7-8　列车成功预定进路示意图

相反,图 7-9 所示为一个锁定进路不成功的情况。在此例中列车 T1 申请进入信号机 MS1 后面的区段失败了,尽管信号机 MS1 后面区段是空闲的。因为直通进路的一部分(图中重叠部分)正被 T2 列车占用,因此,T1 列车在申请进路的起点处(MS1)位置停车。只有当 T2 列车进入侧线并解锁主信号的情况下,T1 列车才能通过主信号 MS1 继续前进。

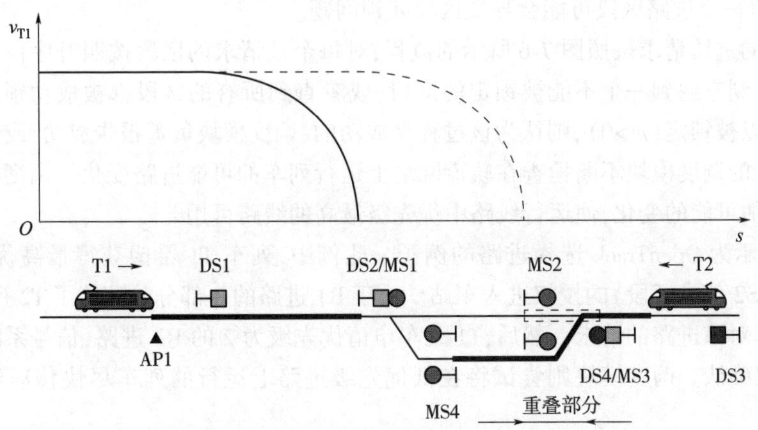

图 7-9　列车申请进路不成功示意图

7.2.5　OpenTrack 中的调度

OpenTrack 的调度模块执行对时间敏感的轨道区段锁定的核心任务,并在仿真过程中向各个列车提供适当的行驶命令。调度模块还预先预留轨道区段并根据优先级设置选择备选线路来控制列车运行的最佳进度。

图 7-10 所示的流程图说明了列车请求进路时,调度和信号系统之间的相互作用。调度系统向联锁系统传达了列车的起点及希望保留的轨道段数量。预留多条线路的原因包括:

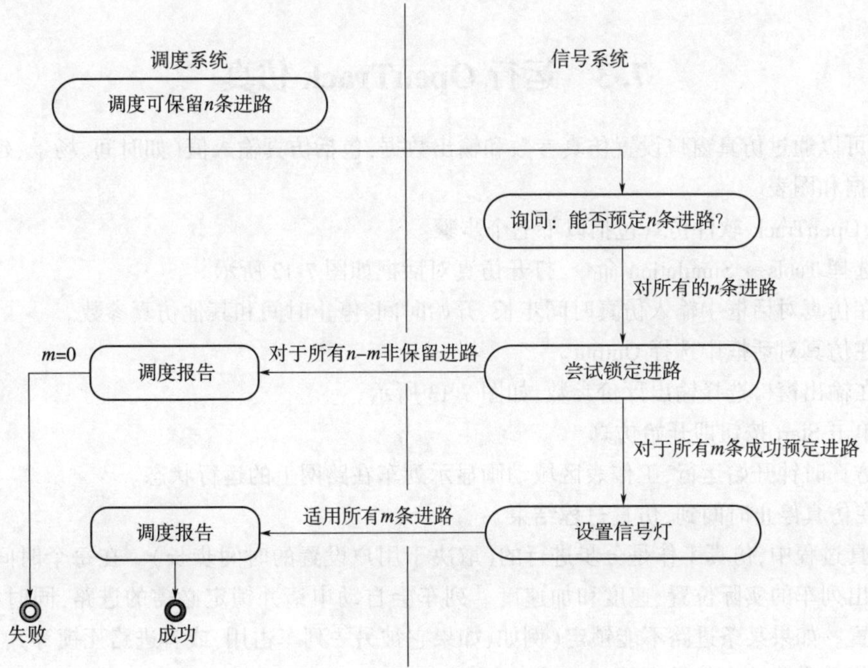

图 7-10　调度多进路区段的流程

(1)如果后续进路也被锁定,列车则可以在该线路上以更高的速度行驶。

(2)只保留一个进路区段可能会导致区段死锁问题。

防护系统的进路请求按照图 7-6 所示的流程,对每个被请求的区段按照升序位置进行进路起始位置排序,直到它遇到一个不能被锁定的区段,或者直到所有的区段都被成功锁定。如果至少有一个区段可以被锁定($m>0$),则认为该过程是成功的,调度模块负责报告成功/或失败。

OpenTrack 的调度模块不断检查在轨道网络上运行列车的可能进路变化。调度模块通过对进路请求查询评估可能的变化,使运行线路中优先级最高的线路可用。

图 7-11 所示为 OpenTrack 选择进路的例子。此例中,列车 T1 希望获得最高优先级进路 R1(从 S1 信号到 S2 信号区段)的授权进入车站。由于 R1 进路的一部分分配给了 T2 列车,信号系统拒绝了 T1 列车对该进路的请求。然后,T1 列车申请优先级为 2 的 R2 进路,信号系统确认该区段可用,进行授权确认。调度模块则尝试将在低优先级进路上运行的列车尽快移动到高优先级进路上。

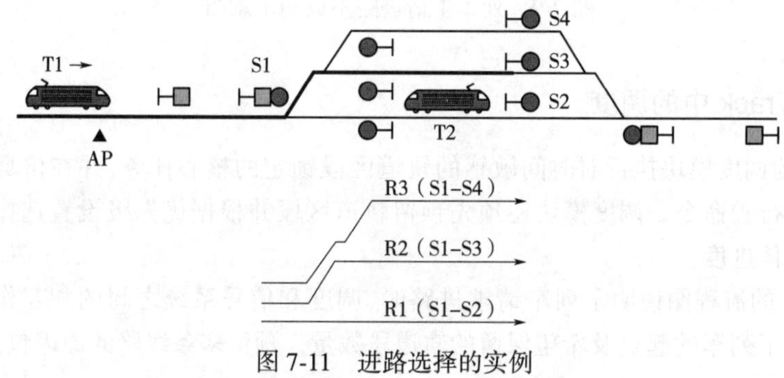

图 7-11 进路选择的实例

7.3 运行 OpenTrack 仿真

用户可以通过仿真窗口设置仿真参数和输出数据,包括仿真输入值(如时间、场景、延迟等)以及输出数据和图表。

运行 OpenTrack 软件仿真包括以下七个步骤:

(1)选择 Tools→ Simulation 命令,打开仿真对话框如图 7-12 所示。

(2)在仿真对话框中输入仿真时间步长、开始时间、停止时间和其他仿真参数。

(3)在仿真对话框中选择 Output。

(4)在输出窗口选择输出评价参数,如图 7-13 所示。

(5)单击 Start 按钮即开始仿真。

(6)仿真时钟开始运行,工作表区域动画显示列车在路网上的运行状态。

(7)在仿真停止时间到,仿真过程结束。

在仿真过程中,仿真工作是分步进行的(取决于用户设置的时间步长)。在每个时间点,软件都会计算出列车的实际位置、速度和加速度。列车会自动申请并锁定必需的进路,同时相关信号也自动设置。如果某条进路不能锁定(例如,如果它被另一列车占用,或者进路死锁等),列车会制动停止在相关进路的主信号机处。

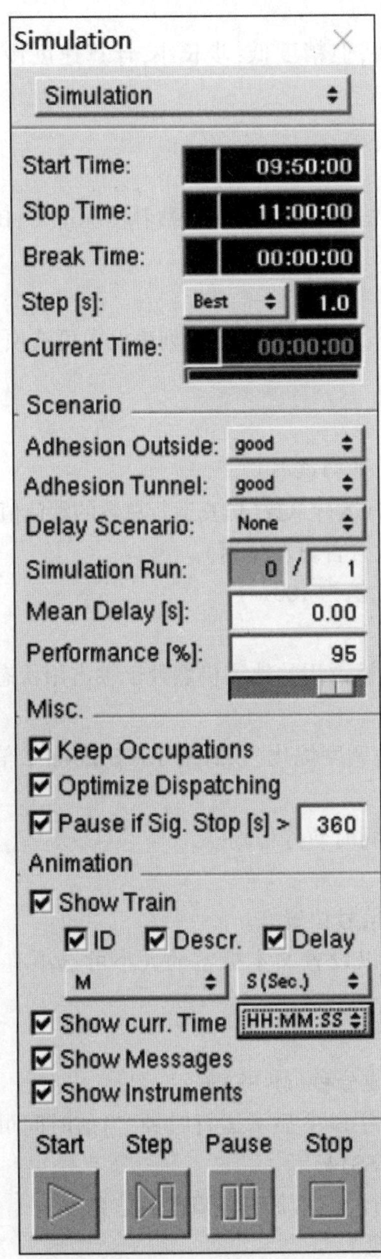

图 7-12　仿真对话框

图 7-13　输出对话框

7.3.1　仿真信息

在图 7-12 中可以输入仿真参数并启动仿真。

Simulation 下拉列表：可以通过该下拉列表选择仿真对话框或输出对话框。

(1)时间设置。

- Start Time：仿真开始时间。
- Stop Time：仿真结束时间。

• Break Time：仿真中断的时间。

• Step：仿真运算步长（单位：s）。步长大，速度快，但精度低；步长小，计算速度慢，但是精度高。

• Current Time：选中此项，显示当前的仿真时间。

（2）Scenario：仿真场景。

• Adhesion Outside：轮轨间的黏着状况（good：黏着情况良好；normal：黏着情况正常；Bad：黏着情况较差）。

• Adhension Tunnel：隧道中轨道段的黏着状况。

• Delay Scenario：延迟场景（用于故障延迟和延长车站停车），右侧下列表框中可选项如下：

➢ None：在仿真中不施加延迟场景。

➢ Defined：用户定义的延迟场景（无随机值）。

➢ No 1…No 20：定义了平均延迟时间的事件延迟（平均延迟）。

• Simulation Run：对于多个仿真，当前仿真运行/仿真运行总数（仿真运行总数的默认值为1）。

• Mean Delay：没有初始延迟的列车平均延迟（不包含首班车延迟）。

• Performance：加速度和最高速度的调节系数（初始值为100%）。

（3）Misc.：其他设置。

• Keep Occupations：选中此复选框表示仿真开始前被占用的轨道仍然处于被占用状态（例如，在轨道网络中设置了障碍）。

• Optimize Dispatching：选中此复选框表示列车会被调度优化（仅针对ETCS Level 2信号区段和动态超车时）。

• Pause if Sig. Stop：当列车在信号机前停车给定时间时暂停仿真。

（4）Animation：仿真时动画显示设置。

• Show Train：仿真期间动态显示预定、占用轨道和信号位置。

• ID：仿真时用车次号显示列车当前位置，用户可以设置文本标签的大小可选项有：（XXS、XS、S、M、L、XL、XXL）。

• Descr.：在工作表中显示列车描述信息。

• Show Delay：列车延误，可以用秒（s）、分钟（Min）或分秒（M：SS）表示。

• Show Curr. Time：选中此复选框，可在“当前时间”字段中显示运行时钟，当前时间可以用秒（s）、小时和分钟（HH：MM）或小时、分钟和秒（HH：MM：SS）显示。

• Show Message：信息窗口中显示仿真状态、列车运行、禁用状态和障碍的信息。

• Show Instruments：在测量窗口显示通过列车的信息。

（5）仿真控制按钮：

• Start：开始仿真。

• Step：单步运行。

• Pause：暂停仿真。

• Stop：终止仿真。

7.3.2 输出信息

在仿真对话框顶部选择Output，用户可以设置仿真输出的数据（见图7-13）。某个列车选定的评价数据在仿真时以虚拟仪器形式存储，仿真完成后以数据文件形式保存在输出目录中。输出对话框中的数据和选项概述如下：

（1）Simulation 下拉列表：选择仿真对话框或输出对话框。

（2）Continuous/discrete：选择连续（每个时间步长的值）或离散（仅当值不同时）输出值。

（3）Metric/uk（Imp）/us：距离单位（metric，UK Imperial，US：公制、英制、美制）

（4）Output 复选框：选择仿真时输出的图表类型和保存的信息。

（5）Occupations：占用对象列表。

占用对象可以包含多段轨道和一个文本标签，一段轨道只能属于一个占用对象。仿真后，文本标签可以显示占用对象的统计信息［列车数量、每小时平均列车数量、任何小时内的最大列车数、平均占用率（百分比）、任意小时的最大占用率（百分比）］。

占用对象可以包含多条轨道和一个文本标签。一条轨道最多可以属于一个占用对象。仿真后，文本标签可以显示占用对象的统计信息［列车数、每小时平均列车数、任意小时最大列车数、平均占用率（百分比）、任意小时的最大占用率］。

创建占领对象时，首先选择适当的轨道区段，然后进入仿真对话框，单击占用列表（Occupations）下面的 Add 按钮，OpenTrack 将新创建的占用对象添加到占用对象列表中，用户可以单击占用对象更改其名称。如果选中的轨道区段已经存在于另一个占用对象中，OpenTrack 将拒绝创建占用对象。

在 Occupations 列表下方，最初标记为 No Show 的下拉菜单中可以选择可视化基础设施占用率的参数，如图 7-14 所示。表 7-2 所示为菜单中参数的含义。

No Show
Show avg. Number of Trains
Show max. Number of Trains
Show No. of Trains in Time Slot
Show avg. Occupation Percent
Show max. Occupation Percent
Show Occ. Perc. in Time Slot

图 7-14　占用基础设施的可视化参数菜单

表 7-2　占用基础设施的可视化参数菜单中参数含义

菜单项	轨道显示颜色
No Show	无显示
Show avg. Number of Trains	平均列车数量
Show max. Number of Trains	最大列车数量
Show No. of Trains in Time Slot	用户定义的时间间隔内列车的数量
Show avg. Occupation Percent	平均占用率
Show max. Occupation Percent	最大占用数量
Show Occ. Perc. in Time Slot	用户定义的时间间隔内的占用率

OpenTrack 根据用户定义的阈值以下面四种颜色之一显示占用情况：

（1）H：高阈值，高于此阈值显示为红色。

（2）M：中阈值，高于此阈值显示为橙色。

（3）L：低阈值，高于此阈值显示为黄色。

（4）OpenTrack 以绿色显示低于低阈值的状况。

在计算平均值时，OpenTrack 使用仿真中第一个进程和最后一个进程之间的时间，而不是仿真的结束时间(Stop Time)减去开始时间(Start Time)。

同时还可以将 OpenTrack 输出统计数据设置为条形图,此时,需要在工作表中用图形元素 Plot,并在 plot 属性设置 Inspector 中选择输出类型(Occ. Stat.)。条形图的颜色是在仿真对话框定义的,与“高”“中”“低”类别定义的颜色一致。

(1)Add:在分配评估中插入活动文件选定的轨道。

(2)Delete:删除分配评估中选定的条目。

(3)Show:突出显示工作表中选定的分配评价的轨道。

(4)Invert:反转选定分配对象的使用标志。

7.3.3 启动仿真过程及动态输出

仿真过程启动步骤如下:

(1)选择 Tools→Simulation 命令打开仿真对话框。

(2)输入仿真时间段(包括开始时间和结束时间)以及其他仿真参数。

(3)在仿真对话框顶部选择 Output,在输出窗口中选择仿真要输出的数据结果。

(4)单击 Start 按钮开始仿真,仿真时钟开始运行。当仿真时钟到达结束时间时,仿真过程即被终止。

OpenTrack 在仿真过程中以可视化列车显示列车运行位置和信号变化,列车占用的轨道以红色显示,为列车锁定的轨道区段以绿色显示(一般是占用区段的前、后区段),而在锁定过程中,轨道以深绿色显示。图 7-15 所示为 OpenTrack 中仿真时列车位置显示实际情况。对于主信号,OpenTrack 显示红色表示关闭信号;如果显示继续运行,则显示绿色。除了动画显示基础设施的运作外,OpenTrack 还可以在仿真过程中绘制列车运行图和其他功能图。

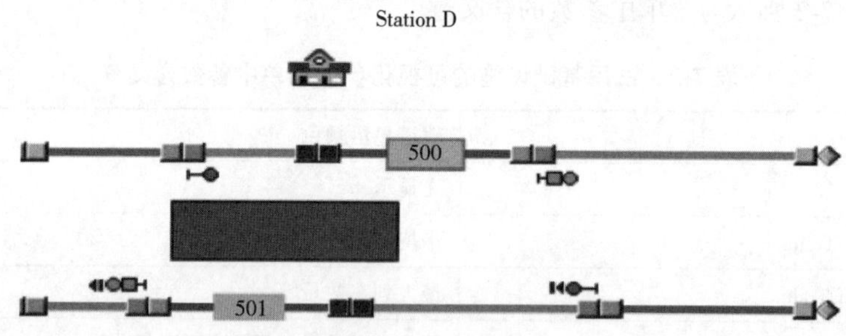

图 7-15 OpenTrack 中仿真时列车位置显示

仿真过程中还会有仿真运行消息可供用户查看,如图 7-16 所示。在仿真消息对话框中会产生以下三类消息:

(1)正常消息:绿色显示,仿真中每个计算步长都会产生正常的消息(如列车启动、列车到站等),该消息不影响仿真程序的运行。

(2)警告消息:黄色显示,仿真过程中产生的影响列车正常运行的消息(例如,列车由于信号关闭而必须制动或必须在信号机前停车),该消息不影响仿真程序运行。

(3)错误消息:红色显示,仿真过程中发生错误(例如,列车不存在、文件不能打开等),仿真过程被终止。

仿真消息对话框还包括以下功能按钮:

(1) Show all Messages：选择菜单，用户可以选择显示所有消息、仅警告和错误消息，或仅显示错误消息。

(2) Filter：过滤车站或运行线属性相关的消息。

(3) Show Object：在工作表中显示所选中消息所对应的位置。

(4) Clear：删除所有消息。

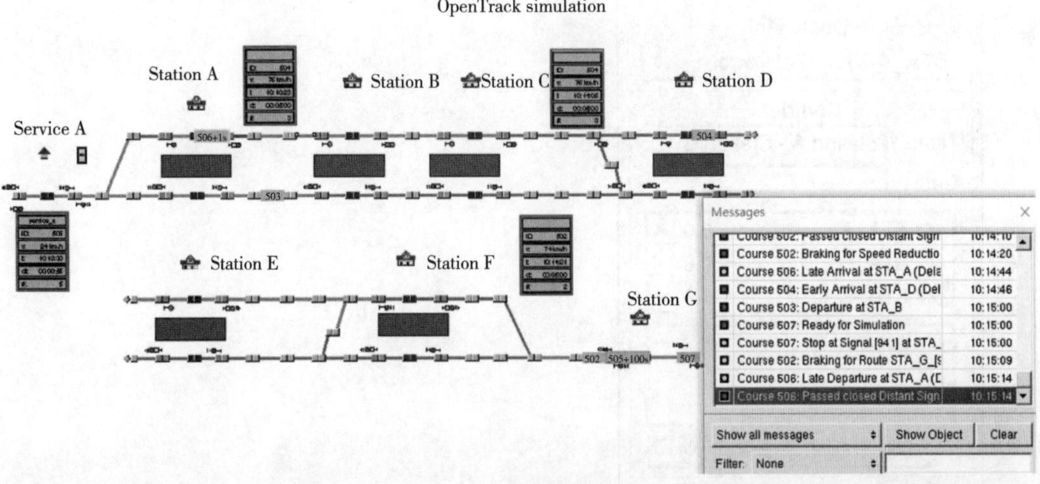

图 7-16　仿真消息窗口

7.4　列车运行图

列车运行图(Train Diagram)是运用坐标原理来表示列车运行时空过程的一种图解形式，用以表示列车在铁路区间运行及在车站到发或通过时刻的技术文件，是组织列车运行的基础。OpenTrack 以列车运行图的形式提供对列车行程的评估。绘制列车运行图必须在仿真运行前定义，或者仿真输出结果中必须选择保存所有时间表数据，以便于在仿真过程中能够实时绘制出已定义区段的运行图。

7.4.1　创建列车运行图文件

一般在仿真前准备列车运行图文件，仿真过程中可以把运行图数据作为文件保存，仿真结束后可通过被保存的数据文件直接分析仿真场景数据。

列车运行图文件建立过程如下：

(1) 选择 Tools→Train Diagram 命令打开列车运行图编辑对话框，如图 7-17 所示。

(2) 在窗口"Operations"操作菜单中选择"New Simulation File"，创建仿真数据文件，即列车运行图数据文件，输入文件名(扩展名为 . otsimcor)，文件创建完成后文件名出现在编辑器的下拉列表中。

(3) Train Diagram 对话框中单击 New 按钮，打开 Corridor Browser 对话框，如图 7-18 所示。图中左侧列表中显示了当前路网中所有车站的 ID，选择起始车站 Staion A 的 ID STA_A，中间列表中就会显示后续车站；选择好第二个车站，则右侧列表框会接着显示后续车站，接着选择所有后继车站，直至到达运行线路最后车站，在图 7-17 的上方显示了已选择的车站区间，单击 new 按钮保存 Corridor 文件并为其命名，如 Train-Diagram. otsimcor。保存文件后，将生成空的列车运行图，如图 7-19 所示。

（4）选择 Tools→Simulation 命令开始仿真后，列车运行图会实时自动绘制。

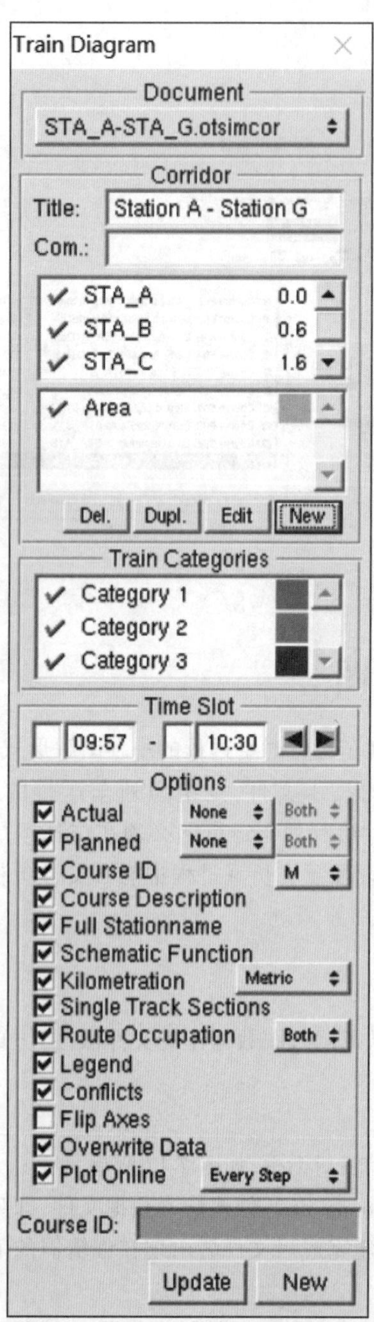

图 7-17 列车运行图编辑对话框

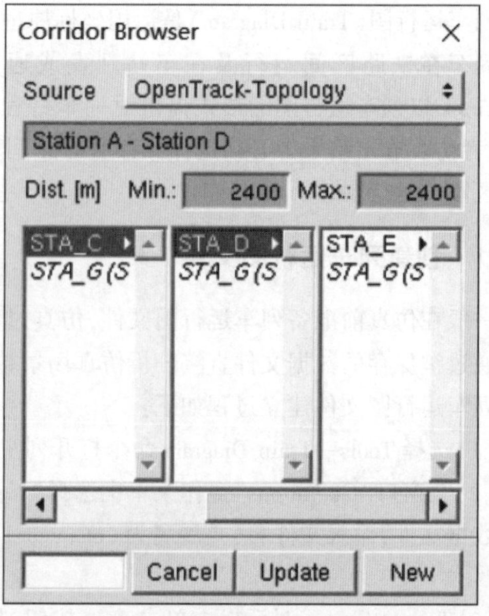

图 7-18 Corridor Browser 对话框

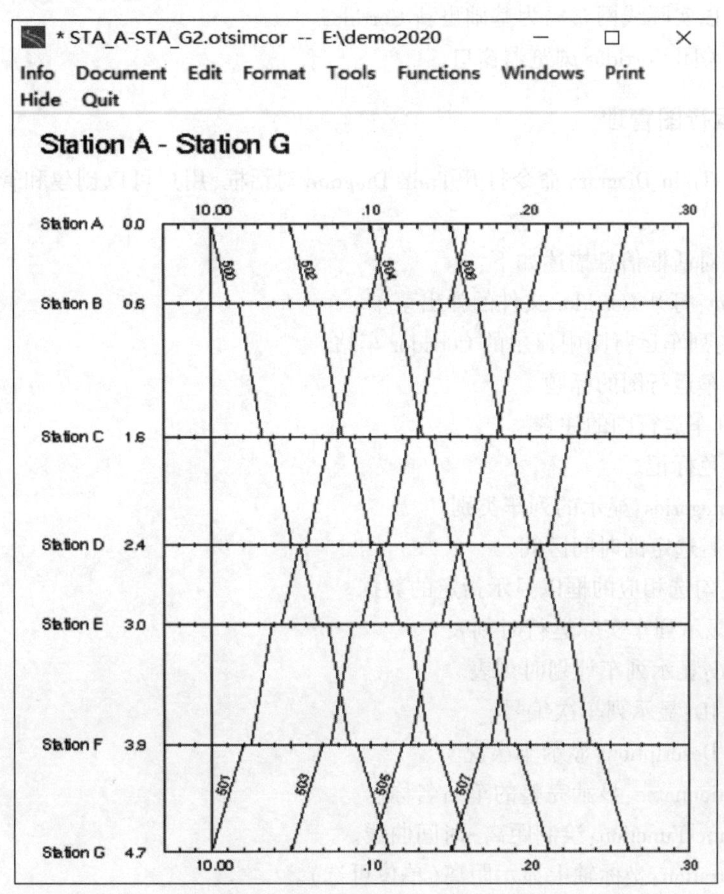

图 7-19　计划的列车运行图

7.4.2　Corridor Browser 信息

Corridor(通道)指沿着列车运行图的轴线按距离比例排列的车站顶点的有序连接。Corridor 代表随着里程增加的车站顶点序列,可以从打开的轨道路网拓扑结构中提取编制列车运行图所需要的 Corridor,也可从仿真结果中导入。

选择 Tools→Train Diagram 打开的列车运行图编辑对话框,应用 Operations 操作菜单中选择 New Corridor,打开 Corridor Browser 对话框,如图 7-18 所示。Corridor Browser 对话框的信息描述如下:

(1)Source:铁路线网布局的来源(打开的线网布局文件)。

(2)Dist. min.:Corridor 起点站与当前选中车站的最小距离(m)。

(3)Dist. max.:Corridor 起始站与当前选定站的站顶点之间的最大距离(m)。

Corridor Browser 对话框中间是三个列表框显示车站列表,左边窗口首先将运行线路中包含的车站列出来,选择一个车站后,中间的窗口会显示此车站的邻站,选中中间窗口的邻站后,则右侧窗口中则显示此站的后继邻站,在右侧窗口中连续选择后继邻站,直到将所有车站选择完成,单击 New 按钮,输入文件名,即可生成空白列车运行图。

(4)New:创建新的 Corridor 车站。

(5)Update:以实际线网布局为基础更新 Corridor。

(6)Cancel:关闭 Corridor 浏览器窗口。

7.4.3 列车运行图管理

选择 Tools→Train Diagram 命令打开 Train Diagram 对话框,用户可以创建和管理列车运行图,见图 7-17。

列车运行图对话框信息描述如下:

(1)Document:打开 Corridor 文件的弹出菜单。

(2)Corridor:列车运行图中显示的 Corridor 车站。

(3)Title:列车运行图的标题。

(4)Com.:列车运行图的注释。

(5)Area:彩色标记。

(6)Train Categories:显示的列车类别。

(7)Time Slot:选定的时间区间。

(8)Options:勾选相应的框以显示指定的数据。

(9)Actual:显示列车实际运行时刻表。

(10)Planned:显示列车计划时刻表。

(11)Course ID:显示列车次编号。

(12)Course Description:显示车次说明。

(13)FullStationname:显示完整的车站名称。

(14)Schematic Function:绘制距离-时间曲线。

(15)Kilometration:坐标轴上显示距离(单位可选)。

(16)Single Track Sections:以突出颜色显示单个轨道区段。

(17)Route Occupation:显示区段占用时间(方向可选择)。

(18)Legend:显示图例。

(19)Conflicts:显示冲突。

(20)Flip Axes:翻转坐标轴。

(21)Overwrite Data:每次仿真运行后覆盖前面的数据(从仿真数据文件中提取的数据不会覆盖)。

(22)Plot Online:仿真运行同时绘制距离/时间曲线(此操作会降低仿真计算速度)。

(23)Course ID:图中显示所选车次编号。

(24)New:打开 Corridor Browser 对话框,创建新的 Corridor 文件。

(25)Update:根据线网布局的实际情况,更新 Corridor 信息(重要提示:选择更新将会将最后的仿真数据删除)。

列车运行图中可以显示计划和实际(仿真)到达、离开和中转时间(可选格式为 MM 或 MM:SS)。运行时间显示在括号中,例如(31)是列车要运行 31 min,通过此区段,可以使用键盘的箭头键(右箭头、左箭头、上箭头和下箭头)在活动的列车运行图中将时间段(时隙)移动一半的可见范围。类似地,鼠标滚轮可用于移动显示的时间段。

7.4.5　列车运行图中调整列车时刻表数据

OpenTrack 以列车运行图的形式对列车运行的评价，如果仿真前定义好列车运行图的绘制属性，尤其是在 Train Diagram 窗口中选择了 Plot Online 属性，仿真运行时会动态绘制实时列车运行图，如图 7-20 所示。图中深色线条表示计划时刻表数据（图 7-17 对话框中勾选 Planned 属性），浅色线条表示列车实际运行的时刻表数据，在列车运行图上可以直接调整时刻表数据。操作步骤如下：

（1）选择要编辑的运行线。在运行图中双击运行线即可将其选中，则该运行线定义的出发时间、到达时间、停止时间和运行时间将以小方块的形式显示在列车图上。例如，运行线 502 的计划列车运行图，此时该计划列车运行图的虚线将被选中并出现若干调节点，如图 7-21 所示。同时，该运行线的计划列车时刻表被同时打开。

（2）通过拖动整个虚线、某段虚线或者某个调节点可以调整计划的列车运行图，此时该运行线的计划列车时刻表也将被同步调整与修改。还可以在站点参考时间之间移动渐变的菱形块，这样会使所选运行线的所有时刻表时间平行移动。表 7-3 所示为列车运行图中符号标记的含义。

（3）在列车运行图中，还可以通过鼠标+功能键，实现表 7-4 中列出的快捷操作。完成列车运行图的编辑后，选择 Document→Save 命令保存编辑后的列车运行图文件。

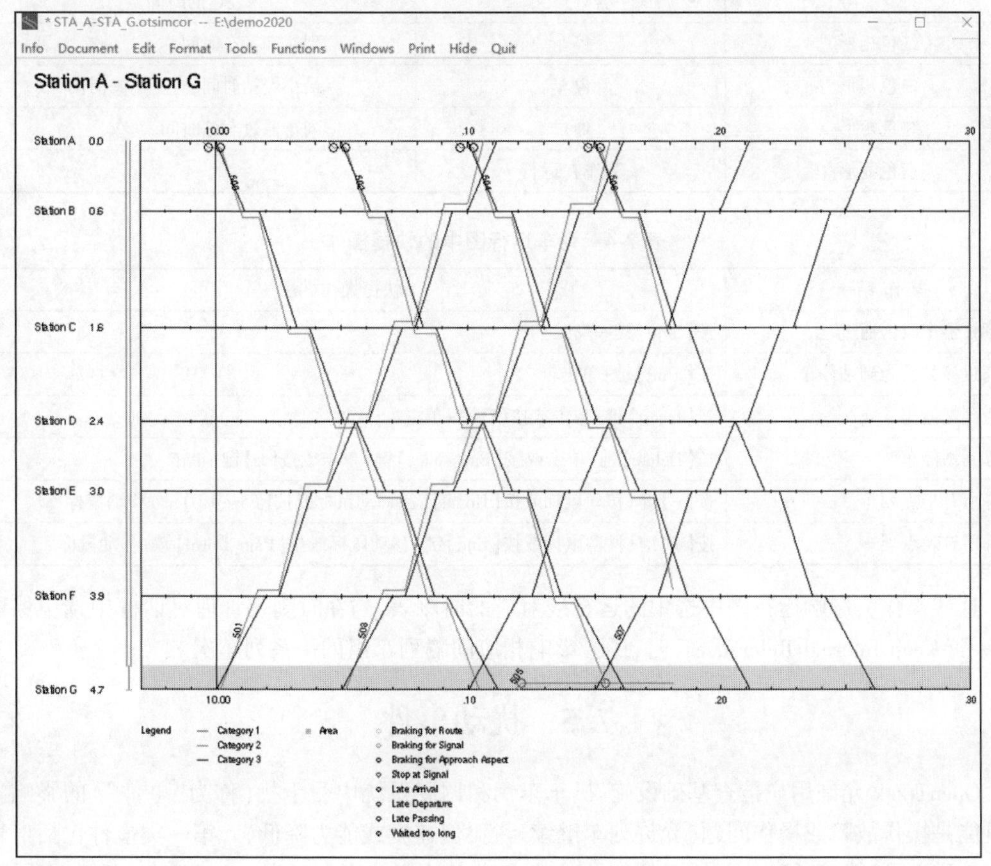

图 7-20　列车运行图

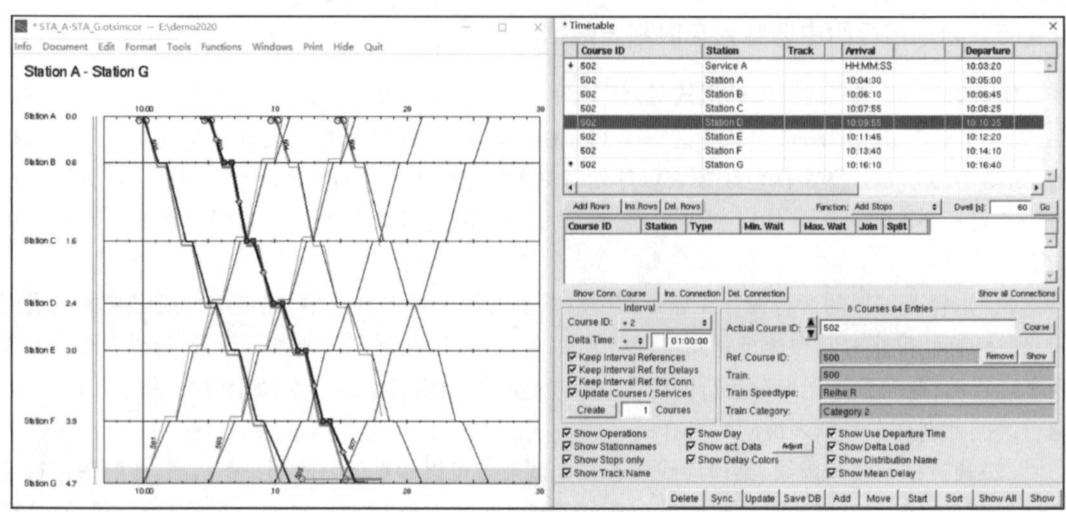

图 7-21 调整计划列车运行图

表 7-3 列车运行图中符号标记的含义

符 号	含 义	表达的时间点
红色矩形	停车	到达和发车时间
白色矩形	停车	最小停站时间,对应离站时间
绿色矩形	通过	列车通过车站时间
蓝色菱形	列车在运行	—

表 7-4 列车运行图中的快捷操作

操 作 结 果	快捷操作方法
把到站停车改为通过	按【Shift】键+单击
把通过该站改为到站停车	按【Shift】键+单击
插入到站停车	按【Insert】键+单击或按【I】键+单击
删除到站停车	按【Delete】键+单击或按【Backspace】键+单击或按【D】键+单击
选择所有早点列车	按【-】键+移动鼠标或按【Home】键+移动鼠标或按【Page Up】键+移动鼠标
选择所有晚点列车	按【+】键+移动鼠标或按【End】键+移动鼠标或按【Page Down】键+移动鼠标

这些操作会影响运行图中选中的运行线对应的时刻表,当在时刻表管理对话框中选中保留内部参考(Keep Internal References)时,还会影响相应间隔列车组的一系列车次。

7.5 扰动事件

OpenTrack 允许用户检查基础设施、机车车辆和调度系统中受干扰(称为“事件”)的影响。事件可能是操作故障或操作问题(允许列车继续运行,但速度或能力降低)。第一类事件包括信号故障和轨道断裂;第二类事件包括降低车速的指令或者计划外列车延误。OpenTrack 还允许用户将单个事件组合成可在仿真期间应用的事件集。

所有事件都有开始时间和结束时间,区段、进路和车次事件以及速度($v \geq 0$)设置与干扰过程对应。

7.5.1　事件信息

选择 Tools→Incidents 命令,打开事件对话框,如图 7-22 所示。事件对话框的上部的表格,列出了用户定义的事件集合,事件对话框的底部显示一个表,列出所有用户定义的单个事件。OpenTrack 允许用户通过选择多个单个事件定义保存为集合形式。事件对话框信息描述如下:

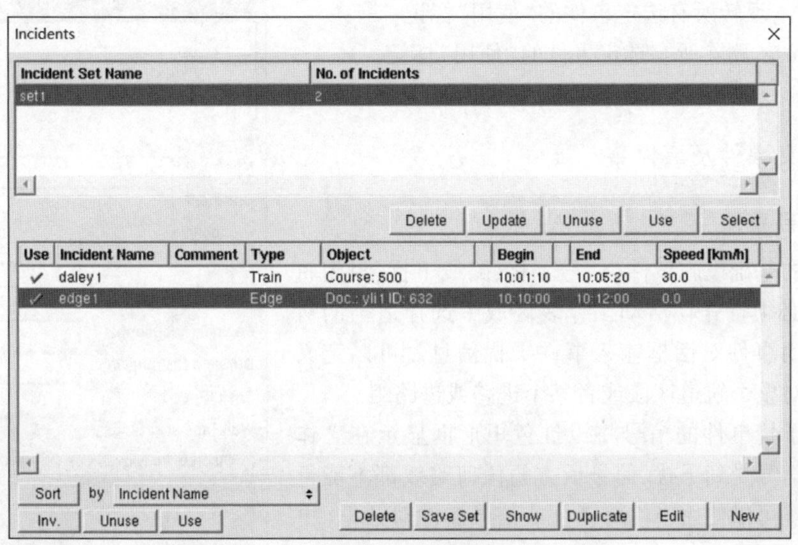

图 7-22　事件对话框

(1)事件集列表:

- Incident Set Name:用户定义的事件集名称。
- No. of Incidents:集合中的单个事件数。
- Select:突出显示此集合中的所有单个事件。
- Use:在 use 列中为集合中包含的所有单个事件添加复选标记。
- Unuse:删除集合中包含的所有单个事件的“使用”列中的复选标记。
- Update:重新定义事件集,以在“使用”列中包含带有复选标记的所有单个事件。
- Delete:删除选定的事件集。

(2)事件列表:

- Use:复选标记表示将在仿真中使用此事件。
- Incident Name:用户定义的事件的名称。
- Comment:用户定义的事件注释。
- Type:事件类型(Train、Signal、Edge、Route、Path)。
- Object:受影响的基础设施对象或受影响的车次。
- Begin:事件的开始时间(HH:MM:SS=小时:分钟:秒)。
- End:事件的结束时间(HH:MM:SS=小时:分钟:秒)。
- Speed:事故期间运行的最大速度(km/h)。

(3)New:定义新事件。

(4)Edit:编辑所选事件。

(5)Duplicate:复制所选事件。

(6)Show:在工作表上显示基础设施事件元素。

(7)Save Set:将所有选中的事件保存为事件集。

(8)Delete:删除所选事件。

(9)Sort:根据定义的标准对事件列表进行排序。

(10)Inv. :反转所有选定事件的"使用"标记。

(11)Unuse:删除所有选定事件的"使用"标记。

(12)Use:为所有选定事件添加使用标记。

7.5.2 定义事件及事件集

1. 定义新事件

定义新的基础设施事件(信号干扰、路线干扰、封闭轨道区段等),必须首先在活动工作表区域中选择适当的对象,然后,应用事件对话框输入事件干扰信息。可以定义干扰事件针对整个轨道区段或者某个进路或进路组。

定义了干扰事件的信号将以红色矩形框显示在工作表上。只要信号受到干扰,信号后方的任何路线都不能行驶。信号干扰可以使用事件对话框或信号属性对话框(更改状态命令)定义。

定义单个事件的定义步骤如下:

(1)选择 Tools→Incidents 命令,打开事件对话框。

图 7-23 事件定义对话框

(2)单击 new 按钮打开事件定义对话框,如图 7-23 所示。

(3)选择事件类型(列车、信号、轨道、区段、进路等),在工作表上的路网布局中选择受影响的基础设施对象(基础设施元素),如果是列车类型的事件,则在对象列表中显示的列车车次中选择。

(4)编辑设置事件属性。

事件定义对话框参数说明:

通过 Type 下拉列表可以选择事件类型,如图 7-24 所示。不同类型的事件描述如下:

(1)Train 事件:选择 Train 类型事件后,下面的对象列表会显示目前系统中存在的车次列表,此类事件可以针对一个或多个车次。

(2)列车牵引力事件(Train Tractive Effort):此类事件(Train Tractive Effort)可用于在一定时间内减少单个列车的牵引力。Used Tractive Effort 属性定义了扰动期间可用的正常可用牵引力的百分比(基于列车牵引力/速度曲线),如图 7-25 所示。

(3)信号灯/信号灯组发车间隔事件(Signal/Group of Signals Headway):信号/信号组车头时距的事件类型允许用户调整通过网络中给定点的吞吐量(或车头时距)。

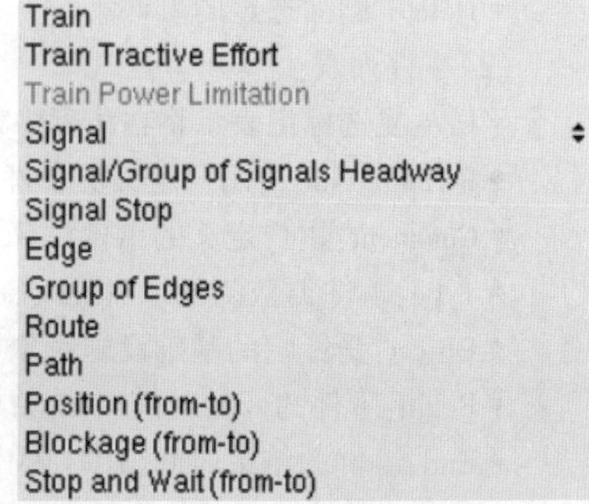

图 7-24 事件类型

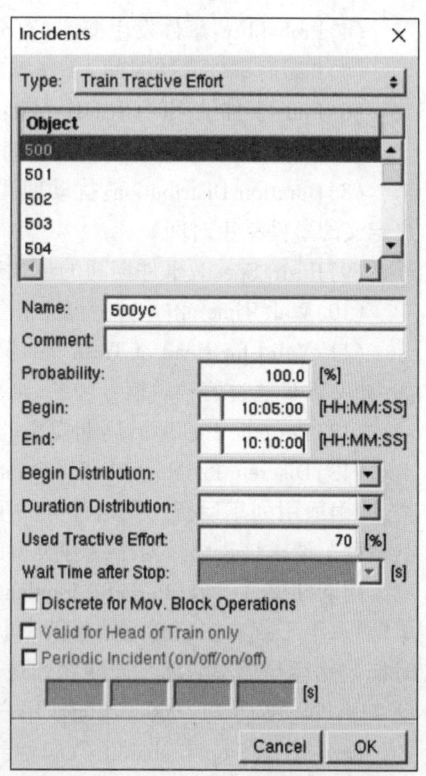

图 7-25　Train Tractive Effort 事件定义

信号间隔(Signal Headway)(以秒为单位)属性决定了在第一列车通过信号(或信号组)后,另一列车可以通过该信号(信号组)的时间。

(4)信号灯停车事件(Signal Stop):可用于影响希望在指定主信号处保留进路的列车的行为。Stop Time/Distribution 属性指定列车将停止多长时间,可以秒为单位输入停止时间,也可以指定 Distribution 函数定义时间,使用预定义的 Distribution Function(通过菜单 Tools→Distributions 定义)的事件可以直接在事件编辑面板中分配方向,从其后面的下拉列表框中选择预定义的扰动函数名称。

(5)Edge/Group of Edges/Route/Path 轨道事件:OpenTrack 允许用户定义与轨道区段公里数相关的几种类型的事件,这意味着轨道网络必须完全定义(所有节点必须具有精确的公里坐标,轨道方向必须按升序定义)。

此外,还可以使用轨道的属性 Line Name 和 Track Name,指定事件的应用轨道对象,一个事件只能适用于一个 Line Name 或一个 Track Name。如果这些属性为空(Line Name="" 或 Track Name=""),则事件将应用于定义区段中的所有轨道。

(6)位置事件[Position(from-to)]:

- 列车在事故区域内降速行驶或停车(Speed=0 km/h)。
- 位置事件可以定义在一个确切的位置(独立于轨道)。
- 位置事件可以通过方向来定义。
- 位置事件可适用于列车头部或整个列车。

(7)阻塞事件[Blockage(from-to)]:

- 阻塞事件影响从干扰开始到结束之间的所有轨道。
- 列车行驶到事故区(沿行驶方向)前的信号灯处,并在那里停车。
- 阻塞事件可以在准确位置定义,但影响取决于轨道方向。
- 阻塞事件会影响双向通行。

(8)停车和等待事件[Stop and Wait(from-to)]:

- 受影响的列车将停止并等待用户定义的等待时间(停止后的等待时间),然后列车将再次开始行驶。
- 停车和等待事件可以定义在一个确切的位置(与轨道无关)。
- 停车和等待事件可按行驶方向定义。
- 停车和等待事件可适用于列车头部或整个列车。

事件定义参数说明:

(1)Object:选定事件类型后,列出所有可选对象。

(2)Name:用户定义的事件名称。

(3)Comment:用户定义的事件注释。

(4) Probablity:事件发生概率(百分比)。

(5) Begin:事件开始时间 (HH:MM:SS)。

(6) End:事件结束时间(HH:MM:SS)。

(7) Begin Distribution:扰动开始时间的分布函数(可选)。

(8) Duration Distribution:扰动期间的分布函数(可选,但是如果定义了该属性,就不会使用用户定义的事件结束时间)。

(9) Restr. Speed:事件期间的最大运行速度(km/h)。

(10) Wait Time after Stop:停止和等待类型的事件后启动延迟(s)。

(11) Valid for Head of Train only:事件仅对列车长有效(默认值:事故适用于整个列车)。例如,如果机车通过信号后信号中断,则事故不会影响列车。

(12) Periodic Incident:周期发生的事件(on:事件活动,off:事件不活动)。

(13) Discrete for Mov. Block Operations:允许用户在移动闭塞控制下将列车或线路的故障分类,明确适用列车运行。在这种分类下,受干扰的路线必须是空闲的,在列车可以行驶之前,没有其他列车请求该进路。对于这种类型的干扰,所有的控制都要求是离散形式而非连续形式。

周期性事件参数(Periodic Incident)允许用户将事件定义为定期发生,周期序列表示(以秒为单位)一个干扰有多长时间处于活动状态(即干扰持续多长时间),然后是不活动(即没有扰动的时期),然后是再次活动。周期序列最多可以包含四个时间段(事件激活 1、事件不活动 1、事件活动 2、事件不活动 2)。这一功能使用户容易建立交通信号运行和有轨电车交叉口的模型。

停车概率(Stop Probability)属性给出了列车需要停车的概率(以百分比表示)。Stop Time/Distribution 属性规定了列车将停止多长时间,可以秒为单位输入参数,也可以使用参数 Distribution Function,通过菜单(Tools→Distributions)定义。

2. 定义事件集

事件创建完成后,用户可以组合事件创建事件集。事件集是以通用名称保存的事件(干扰)组。使用事件对话框顶部列表下的命令创建事件集,然后在事件对话框底部的事件表中标记所需的事件,最后使用 Save Set 命令创建新的事件集,同时输入事件集名称。

用户定义的偶发事件集可以使用偶发事件集表底部的命令按钮进行管理,可以使用这些命令更新事件集或删除事件集。

命令(Use)允许用户选择可以在 OpenTrack 分析中使用的事件集。

7.5.3 时刻表事件

与时刻表相关的事件在单独的列车时刻表中进行管理(见第 6 章)或通过使用列车类别功能(见第 5 章)进行管理。因此,这里仅简要概述时刻表事件的类型以及如何管理。对时刻表事件常见的表述是延误。

1. 初始延误

初始延误(Initial Delay)的定义:当列车越过边界进入被监测系统(区段、节点、网络)时检测到的列车延误。

OpenTrack 中的初始延误可以针对单个列车、列车类别或全局(即所有列车)进行定义。

2. 全局初始延误设置(Initial Delay set Globally)

使用仿真对话框中的平均延误参数(Mean Delay)将全局初始延迟引入 OpenTrack(见 7.3

节)，用户可以在此字段中输入平均延误应用于仿真中的所有列车，但具有单独定义的初始延误或属于具有初始延误参数的列车类别除外。

下面介绍如何使用平均延误值：

(1)按列车类别划分的初始延误。OpenTrack 允许用户使用负指数或分段线性分布函数以及与随机数发生器相结合给列车类别的初始延误分配参数。

OpenTrack 提供了两个功能来控制延误。首先，OpenTrack 允许用户设置最大延误值，这意味着随机生成的延误值大于该值的上限时，随机生成的延误值将减少为最大延误值。其次，用户可以设置列车的最大百分比去分配延误(仅适用于负指数分布形式)。

(2)单个列车的初始延误和车站延误。OpenTrack 还允许用户通过时刻表对话框给没有通过列车类别分配延误值的个别列车分配初始延误值。时刻表对话框中列出了列车(车次)访问的车站，在栏目中标记为 M. Del. (平均延误)中，用户可以输入该车站预计的单个列车的平均延误值。

平均延误值可以直接用特定车站、特定列车的延误值，也可以与用户定义的延误分布函数一起使用，生成概率延误值。如使用延误分布函数时，需要在时刻表对话框右下角的下拉列表中选择分布函数名称(详细信息见 6.3 节)。

列车在建模路网中经过的第一个车站所施加的延误定义为初始延误。此初始延误既适用于在此车站开始运行的列车(v=0 km/h)，也适用于不在车站停车的列车(v>0 km/h)，但该站是列车进入建模路网的第一个车站。对于列车经过的其他所有车站，用户定义的(可选)延误功能是车站延误(即在一个车站的停留时间超过计划时间)，列车从车站出发时间的计算方法是延误值与预定的发车时间(或最小的车站停留时间)的和。

7.6 仿真结果及分析处理

7.6.1 多种形式的仿真数据

OpenTrack 在仿真过程中保存了各种过程数据(如列车行驶数据、实际的时刻表等)，用于在仿真完成后进行评价分析。根据仿真结果的数据格式，分为以下三种数据类型：

(1)Text or Table：仿真过程生成的文字或列表数据格式，支持后续文字或列表方式的应用，例如，以表格形式表示的实际列车时刻表(文件格式为 OT_<CourseID>. tt)。

(2)Function：仿真过程生成的图形格式数据，可以通过 OpenTrack 绘图工具或列表格式生成的结果。例如，距离/时间图(文件格式为 OT_<CourseID>. st1)、速度/里程图(文件格式为 OT_<CourseID>. vs)。

(3)Special evaluations：对特殊的 OpenTrack 结果文件，只能通过 OpenTrack 程序打开查阅，无法应用其他软件阅读其内容。例如，列车运行图 Corridor 说明文件(文件格式为<Corridor name>. otsimcor)，列车运行图数据文件(文件格式为<Simulation>. otsiimnet)。

仿真结果数据输出需要通过仿真对话框的输出定义中进行选择设置(见图 7-13)，仿真数据自动保存在 OTData 目录中，根据文件名数据存储分为两类：一类是某车次的数据，以 OT_+ CourseID 命名文件；另一类则是所有车次的数据，文件详情如下：

1. 某次车的数据文件

OT_<CourseID>. as：加速度/距离曲线。

OT_<CourseID>. at:加速度/时间曲线。

OT_<CourseID>. vs:速度/距离曲线。

OT_<CourseID>. ms:区段限速/距离曲线。

OT_<CourseID>. vt:速度/时间曲线。

OT_<CourseID>. st1:区段占用情况/时间曲线。

OT_<CourseID>. st2:区段占用情况/时间曲线。

OT_<CourseID>. ts1:区段占用情况/时间曲线(横纵坐标互换)。

OT_<CourseID>. st2:区段占用情况/时间曲线(横纵坐标互换)。

OT_<CourseID>. step1:进路开通长度/时间步长关系曲线。

OT_<CourseID>. step2:进路清空长度/时间步长关系曲线。

OT_<CourseID>. Fs:牵引力-距离曲线。

OT_<CourseID>. Ps:性能/距离曲线。

OT_<CourseID>. Rs:阻力/距离曲线。

OT_<CourseID>. tsvP:时间、距离、车速、牵引功率、阻力和机械功率数据列表。

OT_<CourseID>. tt:文本格式的列车实际时刻表。

OT_<CourseID>. radius:所有线路曲线要素列表。

OT_<CourseID>. level:线路标高列表。

OT_<CourseID>. gradient:线路坡度列表。

OT_<CourseID>. sigpos:信号机位置及类型。

OT_<CourseID>. statpos:车站位置。

OT_<CourseID>. kmpos:公里标位置。

2. 所有车次的数据

OT_Physic. tsvP:包括时间、距离、车速、牵引功率、阻力和机械功率的数据表。

OT_Occ_<OccName>. occ:轨道占用情况。

OT_Delay. delall:所有的延误。

OT_Delay. delallarr:所有到站延误。

OT_Delay. delalldep:所有发车延误。

OT_Delay. delavg:每次车平均延误。

OT_Delay. delend:每次车终点站延误。

OT_Delay. delmax:每次车最大延误。

OT_Message. txt:仿真消息文本信息。

OT_CourseStatistics:车次统计。

OT_TimetableStatistics. txt:所有时刻表统计。

OT_Protocol. <Date/time>. txt:仿真记录。

<Simulation name>. otsimnet:列车运行图数据文件。

<Corridor Name>. otsimcor:列车运行图 Corridor 说明文件。

注意:只有在运行仿真前在仿真对话框的输出定义中进行了相应的选择,才能保存输出各种类型的数据。

7.6.2　仿真结果分析处理

OpenTrack 仿真输出结果可以通过以下几种形式分析处理：

1. 应用文本编辑器或 Excel 编辑处理

仿真过程生成的文字或列表数据格式，以 ASCII 码形式保存，可用文本编辑器或 Excel 编辑或处理。例如，以表格形式表示的实际列车时刻表(文件格式为 OT_<CourseID>. tt)，图 7-26 所示为用 Excel 软件打开的某次车的列车时刻表数据。

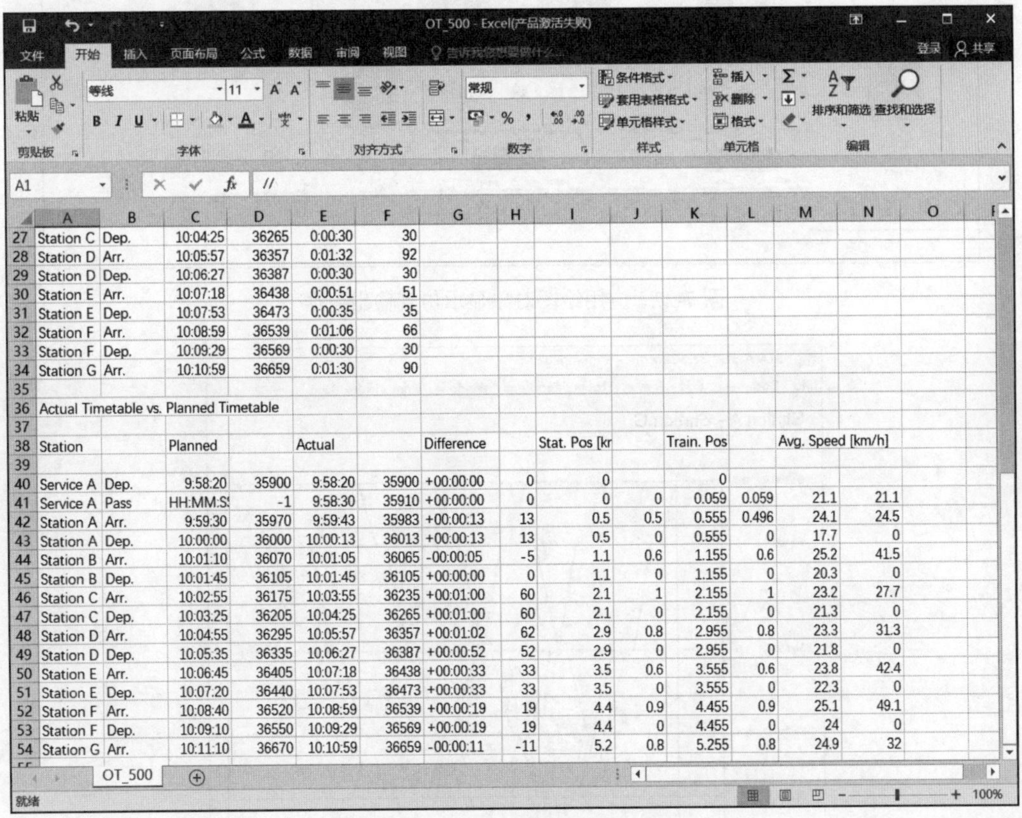

	A	B	C	D	E	F	G	H	I	J	K	L	M	N
27	Station C	Dep.	10:04:25	36265	0:00:30	30								
28	Station D	Arr.	10:05:57	36357	0:01:32	92								
29	Station D	Dep.	10:06:27	36387	0:00:30	30								
30	Station E	Arr.	10:07:18	36438	0:00:51	51								
31	Station E	Dep.	10:07:53	36473	0:00:35	35								
32	Station F	Arr.	10:08:59	36539	0:01:06	66								
33	Station F	Dep.	10:09:29	36569	0:00:30	30								
34	Station G	Arr.	10:10:59	36659	0:01:30	90								
35														
36	Actual Timetable vs. Planned Timetable													
37														
38	Station		Planned		Actual		Difference		Stat. Pos [kr		Train. Pos		Avg. Speed [km/h]	
39														
40	Service A	Dep.	9:58:20	35900	9:58:20	35900	+00:00:00	0	0		0			
41	Service A	Pass	HH:MM:S!	-1	9:58:30	35910	+00:00:00	0	0	0	0.059	0.059	21.1	21.1
42	Station A	Arr.	9:59:30	35970	9:59:43	35983	+00:00:13	13	0.5	0.5	0.555	0.496	24.1	24.5
43	Station A	Dep.	10:00:00	36000	10:00:13	36013	+00:00:13	13	0.5	0	0.555	0	17.7	0
44	Station B	Arr.	10:01:10	36070	10:01:05	36065	-00:00:05	-5	1.1	0.6	1.155	0.6	25.2	41.5
45	Station B	Dep.	10:01:45	36105	10:01:45	36105	+00:00:00	0	1.1	0	1.155	0	20.3	0
46	Station C	Arr.	10:02:55	36175	10:03:55	36235	+00:01:00	60	2.1	1	2.155	1	23.2	27.7
47	Station C	Dep.	10:03:25	36205	10:04:25	36265	+00:01:00	60	2.1	0	2.155	0	21.3	0
48	Station D	Arr.	10:04:55	36295	10:05:57	36357	+00:01:02	62	2.9	0.8	2.955	0.8	23.3	31.3
49	Station D	Dep.	10:05:35	36335	10:06:27	36387	+00:00:52	52	2.9	0	2.955	0	21.8	0
50	Station E	Arr.	10:06:45	36405	10:07:18	36438	+00:00:33	33	3.5	0.6	3.555	0.6	23.8	42.4
51	Station E	Dep.	10:07:20	36440	10:07:53	36473	+00:00:33	33	3.5	0	3.555	0	22.3	0
52	Station F	Arr.	10:08:40	36520	10:08:59	36539	+00:00:19	19	4.4	0.9	4.455	0.9	25.1	49.1
53	Station F	Dep.	10:09:10	36550	10:09:29	36569	+00:00:19	19	4.4	0	4.455	0	24	0
54	Station G	Arr.	10:11:10	36670	10:10:59	36659	-00:00:11	-11	5.2	0.8	5.255	0.8	24.9	32

图 7-26　某次车的列车时刻表数据

2. 应用绘图对象显示输出

仿真中生成的图形格式数据，如距离/时间图(文件格式为 OT_<CourseID>. st1)、速度/距离图(文件格式为 OT_<CourseID>. vs)等，可以在工作表中添加绘图对象图形化显示。

绘图对象是 XY 坐标系，可以显示任意数量的函数，可以通过拖动方式将预显示的数据、图例(例如站名、信号等)导入到绘图对象中，如图 7-27 所示。

3. OpenTrack 程序打开查阅

对特殊的 OpenTrack 仿真结果数据，只能通过 OpenTrack 程序打开查阅。例如，列车运行图仿真数据(文件格式为<Simulation>. otsiimnet)，可以选择 Document→Open 命令直接打开文件，如图 7-28 所示。

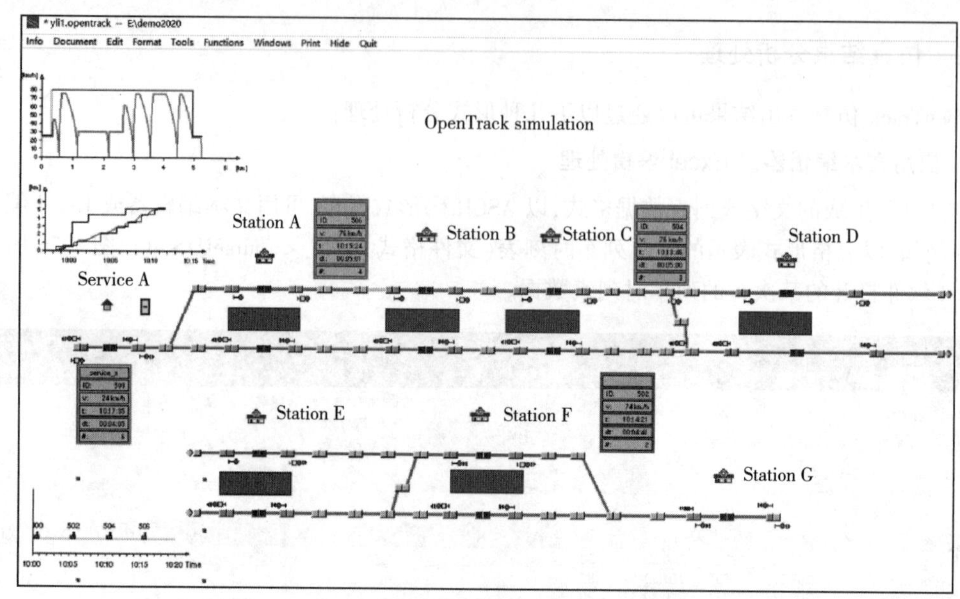

图 7-27 应用绘图对象显示仿真输出数据

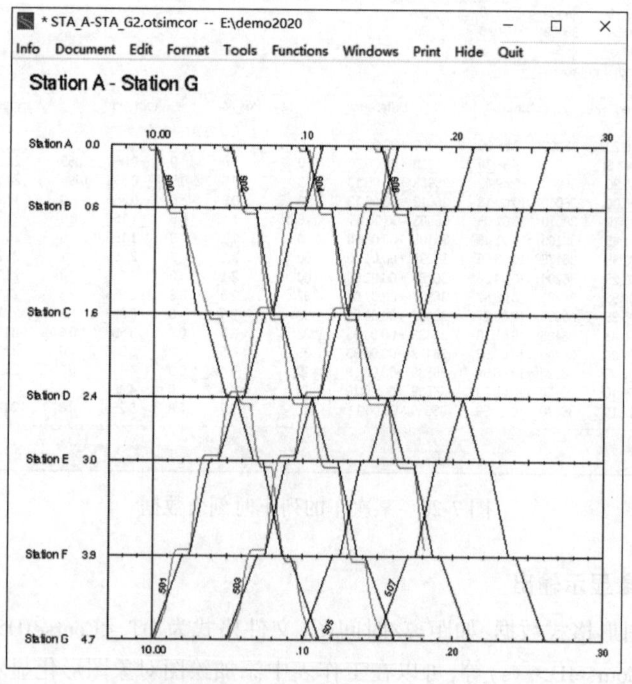

图 7-28 列车运行图文件

习题

1. 简述列车运行仿真的基本原理和流程。
2. 简述列车运行图的创建过程。
3. OpenTrack 仿真输出数据有哪些？

第 8 章 应用实例

学习目标

- 了解城市轨道交通运行仿真建模的基本流程和基本参数。
- 了解城市轨道交通运行方案设计流程。
- 了解城市轨道交通运行方案仿真数据的分析方法。

城市轨道交通作为城市交通的重要组成部分,具有客运周转量大、速度快、安全性高等其他交通工具望尘莫及的优点。在缓解城市交通运输压力,满足市民出行要求方面起到越来越大的作用,因此提高城市轨道交通的运输能力是保证城市经济快速发展的重要因素。

本章以实际线路北京轨道交通 7 号线为背景,以客流量需求为依据,构建地铁 7 号线的列车开行方案,并分析影响列车开行方案的列车交路、列车停站方式的特点,应用 OpenTrack 软件进行基础设施建模,运行仿真,最终确定列车开行方案,提升轨道交通系统运输的效率。

8.1 北京轨道交通 7 号线数据调研

8.1.1 北京轨道交通 7 号线实际线路图

北京轨道交通 7 号线连接丰台区北京西站至通州区环球度假区站,横贯北京南城地区,是北京地铁的一条东西向地铁线路,全长 40.3 km,共设 30 座车站,采用全地下敷设方式,共设车站 30 座,如图 8-1 所示。采用 8 节编组 B 型列车,2014 年 12 月 28 日开通运营一期工程。

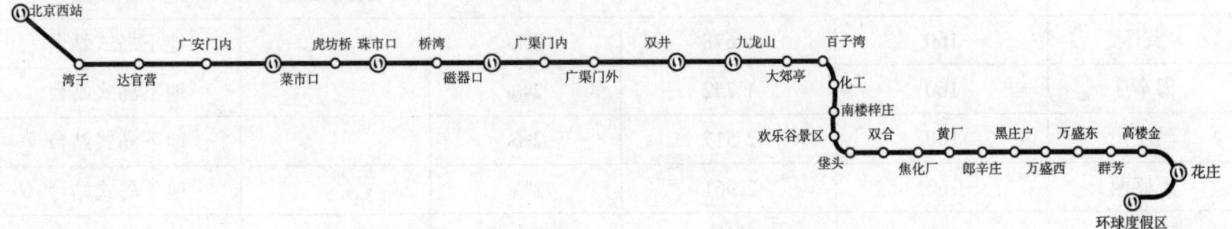

图 8-1 北京轨道交通 7 号线线路图

7 号线的开通分流、缓解了北京地铁 1 号线和八通线的客流,缓解了南城东西向、两广路、长安街的交通压力;提高了北京西站客流疏散能力和效率,方便劲松、广渠路、百子湾、翠城等区域的居民出行;同时改善城南交通出行状况,促进旧城改造,提升了城市品位。

8.1.2 线路、车站数据

7 号线正线车站间距信息见表 8-1。

表 8-1 7 号线正线车站站间距信息

站间名称	车站内长度/m	站间距离/m	坡度	曲线	站台设计
北京西站	160	0	0		地下双岛式站台
湾子	160	935	2‰		地下侧式站台
达官营	160	734	3‰		地下岛式站台
广安门内	160	1 874	2‰		地下岛式站台
菜市口	160	1 374	2‰		地下岛式站台
虎坊桥	160	885	2‰		地下岛式站台
珠市口	160	1 205	2‰		地下岛式站台
桥湾	160	869	2‰		地下岛式站台
磁器口	160	1 016	2‰		地下岛式站台
广渠门内	160	1 138	2‰		地下岛式站台
广渠门外	160	1 332	2‰		地下岛式站台
双井	160	1 241	−2‰		地下岛式站台
九龙山	160	1 311	2‰		地下岛式站台
大郊亭	160	781	2‰		地下岛式站台
百子湾	160	865	2‰		地下岛式站台
化工	160	903	2‰		地下岛式站台
南楼梓庄	160	1 464	3‰		地下岛式站台
欢乐谷景区	160	906	2‰		地下岛式站台
垡头	160	1 679	−2‰	R365/V70	地下岛式站台
双合	160	1 304	2‰	R1500/535	地下双岛式站台
焦化厂	160	1 021	2‰	R450/202	地下侧式站台
黄厂	160	1 678	2‰		地下岛式站台
郎辛庄	160	1 752	2‰		地下岛式站台
黑庄户	160	2 517	2‰		地下岛式站台
万盛西	160	2 961	2‰		地下岛式站台
万盛东	160	2 110	2‰		地下岛式站台
群芳	160	1 160	2‰		地下岛式站台
高楼金	160	1 195	−2‰		地下双岛式站台
花庄	160	1 425	2‰		地下岛式站台
环球度假区	160	1 769	3‰		地下岛式站台

8.1.3　车辆数据

7 号线列车采用 8 节编组 6 动 2 拖 B 型地铁车辆，配车数量 68 列（BDK01 型 35 列，BDK04 型 33 列），最高运行速度 80 km/h，最大载客能力 2 766 人。列车详细参数如下：

（1）列车型号：BDK01 和 BDK04 型。

（2）列车编组：8 节 B 型车，Tc+M+M+M+M+M+M+Tc。

（3）列车长度：Tc 为 19.5 m；M 为 19 m，列车编组长度为 153 m。

（4）列车空车质量：Tc 为 32.5 t；M 为 34 t。

（5）车辆最高运行速度：80 km/h。

（6）供电制式：DC 1 500 V 第三轨供电。

（7）受流方式：下接触型集电靴。

（8）起动加速度：1 m/s^2。

（9）常用减速度：1 m/s^2。

（10）紧急加速度：1.2 m/s^2。

（11）制动方式：再生制动（主），闸瓦式电控空气制动（辅）。

（12）安全防护系统：LCF-300 交控科技制 ATO 装置与 CBTC 系统（GoA 2 等级）。

8.1.4　列车开行方案

列车开行方案制订的目的是科学合理地分配运力资源，促进运力与需求更好地匹配，提高乘客的服务水平。城市轨道交通列车开行计划规定了各条线路的日常作业任务，是在充分掌握客流特性的基础上，以客流量数据为依据，对城市轨道交通营业时间内各线列车交路、编组辆数、开行对数、停站方案等制订计划，工作流程如图 8-2 所示。

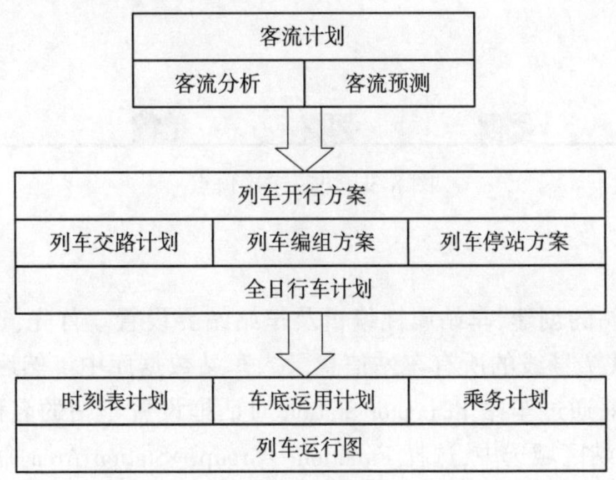

图 8-2　城市轨道系统运输计划制订流程

通常采用现场调研方式对轨道交通的各车站客流进行调研，分析客流时空分布特性及客流性质、出行规律，综合考虑线路通过能力、折返站折返能力等行车条件因素及运营成本，初步确定列车开行方案，包括列车交路计划、列车编组方案、列车停站方案。

目前城市轨道交通列车编组都采用固定编组、站站停车方式，根据城市轨道交通的线路基础设施情况，常采用单一交路及大小交路两类。

全日列车开行计划是指运营时间内各个小时开行的计划列车对数，列车开行方案是制订全日列车开行计划的基础。根据工作日高峰 8:00—9:00 客流调研结果，确定列车开行方案，即采用站站停车的方式，大交路为北京西站到环球度假区站，小交路为北京西站到黑庄户站，进而确定工作日全日列车开行计划。

8.2 OpenTrack 建模过程

8.2.1 线路基础设施建模

1. 轨道线路建模

OpenTrack 采用双顶点图形技术模拟铁路(城市轨道交通)网络，建模的基本对象为双顶点，以双顶点表示线路节点，节点之间通过轨道线路连接，同时可以通过 Inspector 对话框设置轨道长度、坡度、曲线半径、线路限速等信息。

为了更加方便快捷地建立轨道线路，可以使用下面的小技巧，不需要重复去连接顶点。首先单击顶点工具，在工作表区域设计顶点的排列，然后单击指针工具全选所有的顶点，选择 Functions→Connect selected Vertices 命令(注意：为了避免出现错位的现象，需要尽量把顶点放在不同的水平线上)，效果如图 8-3 所示。接下来双击工作表中的轨道就会显示轨道属性设置，或者通过 Inspeetor-Edges 编辑工具 Inspector 设置各种参数信息。

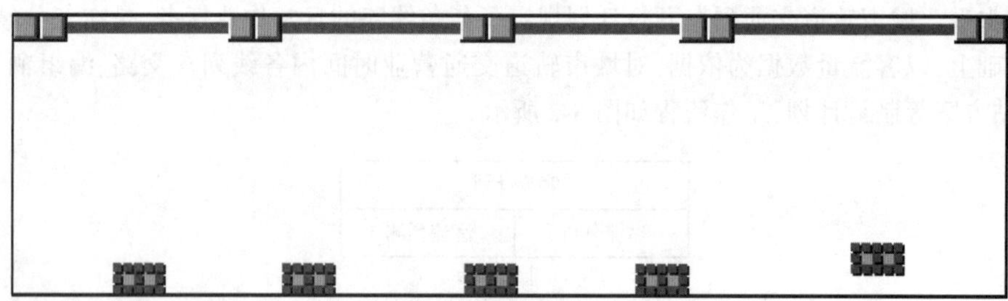

图 8-3 快速连接顶点

2. 车站建模

车站的建模包含车站的创建、车站属性编辑及车站站界设置。首先，选择 Tools→Station 命令创建车站数据库，将地铁 7 号线的所有车站信息录入车站数据库中。然后，根据线路情况设置车站顶点，并建立车站图标，通过车站 Inspector-Station 对话框设置车站的名称、供电方式等信息，如图 8-4 所示。最后，将车站区域选中，选择 Function→Group→Station Area 命令进行车站站界设置。

3. 信号系统建模

信号系统的建模包含信号机布置、信号机属性设置、闭塞区间设置、停车点设置。通常每个车站都应该配置一个出站和一个进站信号机，信号机主要考虑信号制式、信号机种类，限速信息等。同样，通过 Inspector-Signal 对话框设置信号机种类、限速信息。图 8-5 所示为北京西站的进站信号机设置，Speed 选项可以设置信号机所在区段是按照线路速度运行还是限速运行。

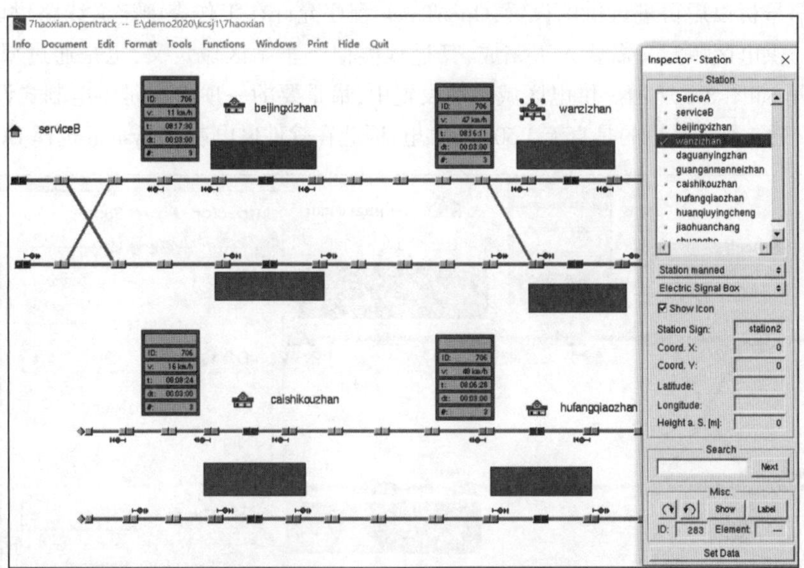

图 8-4　车站信息设置

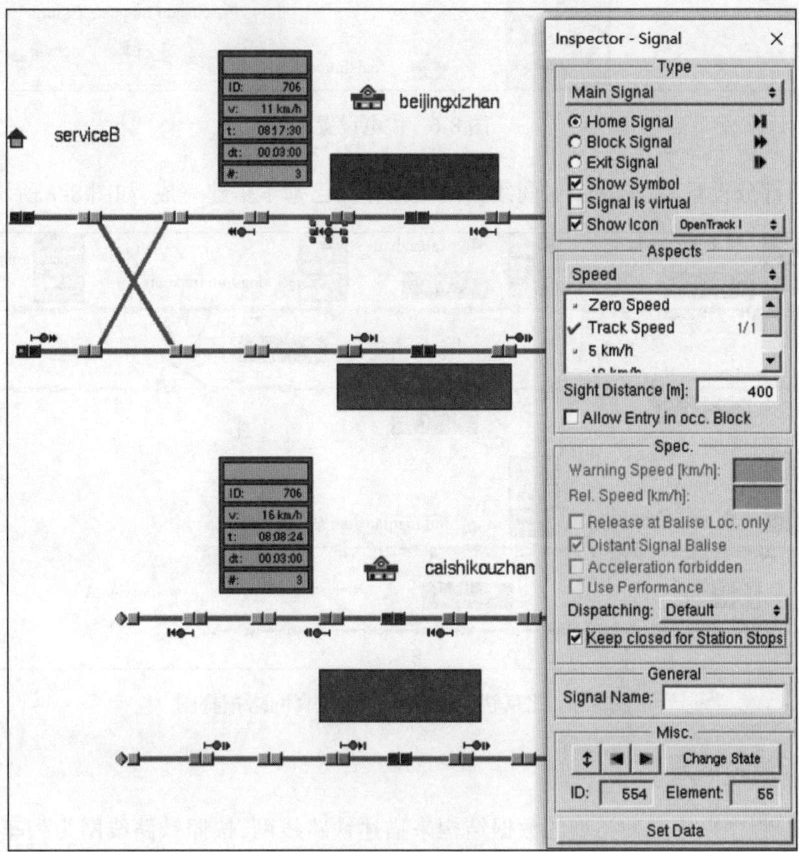

图 8-5　信号机参数设置

设置好信号机以后再进行供电设置，OpenTrack 程序允许在工作表中定义线路供电区域，并进行属性设置。供电区域定义需要人工完成，其过程类似于车站区域定义，也是通过属性编辑工具进行属性设置，如图 8-6 所示。供电区域属性设置中，最重要的一项内容是供电制式设置。由于仿真对象轨道交通 7 号线采用的是直流 1 500 V 供电，因此在软件供电制式 System 选择 DC 1 500 V。

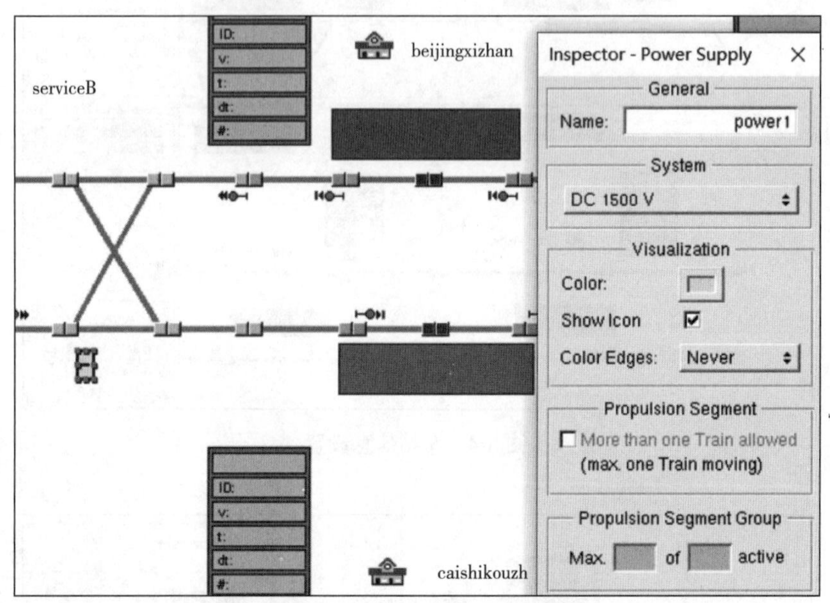

图 8-6 供电设置

完成线路部分设置后，车站及区间线路网络拓扑图已基本搭建完成，如图 8-7 所示。

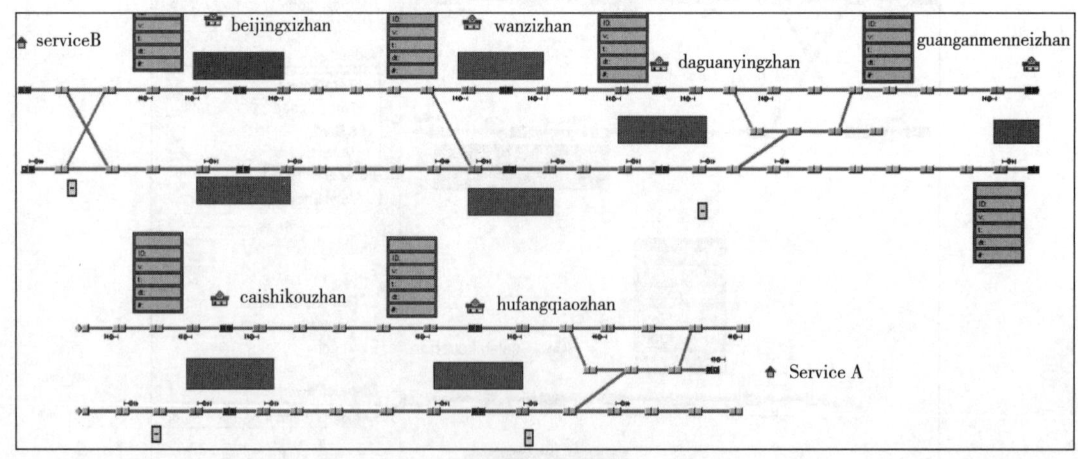

图 8-7 北京轨道交通 7 号线仿真网络拓扑图

8.2.2 运行线路设置

OpenTrack 程序采用三种类型的数据结构来描述铁路线网，按照铁路线网为列车运行服务时所处的层次和包含的数据信息量可划分为三个层次：区段、进路和运行线路。第一层次为区段，是由一系列连续的双顶点和双顶点之间的轨道组成。铁路区段和线路上的道岔不仅用来描述、模拟传统铁路/城市地铁线网设施,还是传统铁路/城市地铁网络化运营的安全保障。第二层次为进路,由一个及一个以上的区段组成。典型的例子是,多个区段同时服务于某列车运行,故只有多个区段整体上才能构成进路。第三层次为运行线路,一个运行线路包含多个区段,为实现仿真,必须为列车提供多个运行线路,而且这些运行线路是带有优先级的。应包含所有可供运行列车选择的运行线路,具体在仿真过程中,列车选择哪条运行线路行车是依据该线路所处的优先级确定的。一般而言,列车总是首先选择优先等级最高的运行线路。

区段、进路和运行线路设置具体如图 8-8~图 8-10 所示。

OpenTrack 程序具备在铁路线路网络上自动搜索所有区段的功能。需要注意的是有些区段并非符合运行逻辑,用户需要检查并确认这些区段是正确的,并能够真实模拟实际线路网络。

实际运行过程中,采用小交路运行时列车需要中间折返,因此在利用 OpenTrack 建模的过程中,需要对大小交路(上下行)分别设置运行线路。

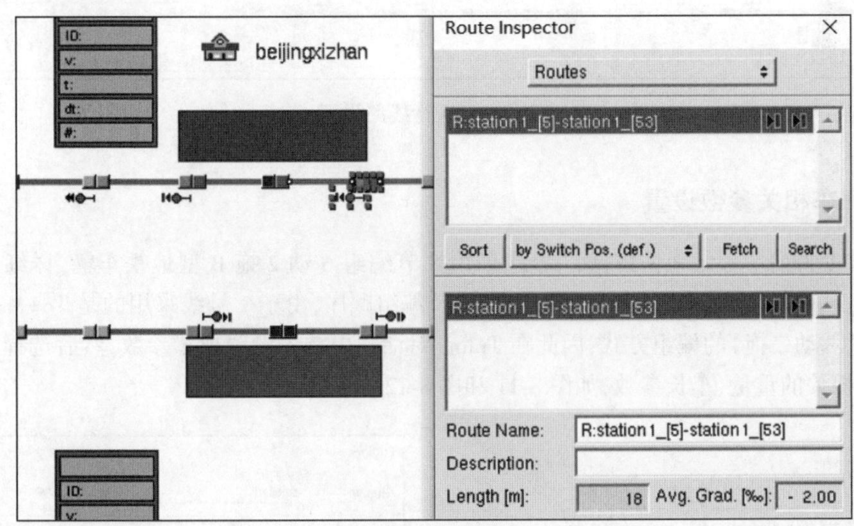

图 8-8 区段设置

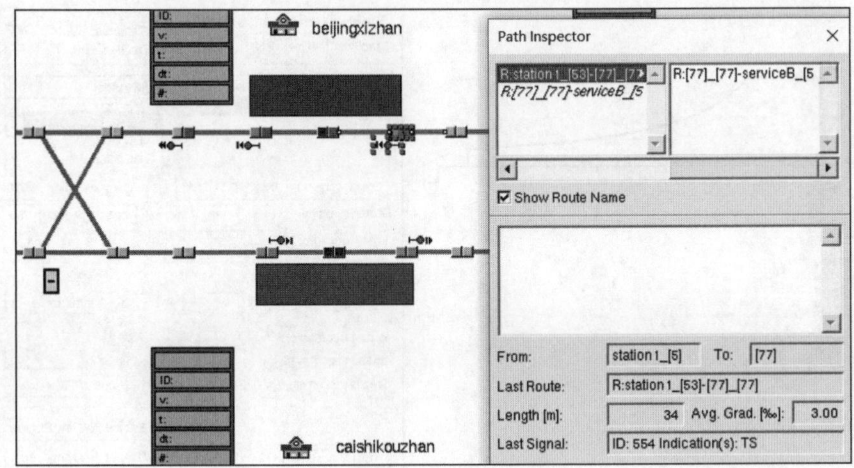

图 8-9 进路设置

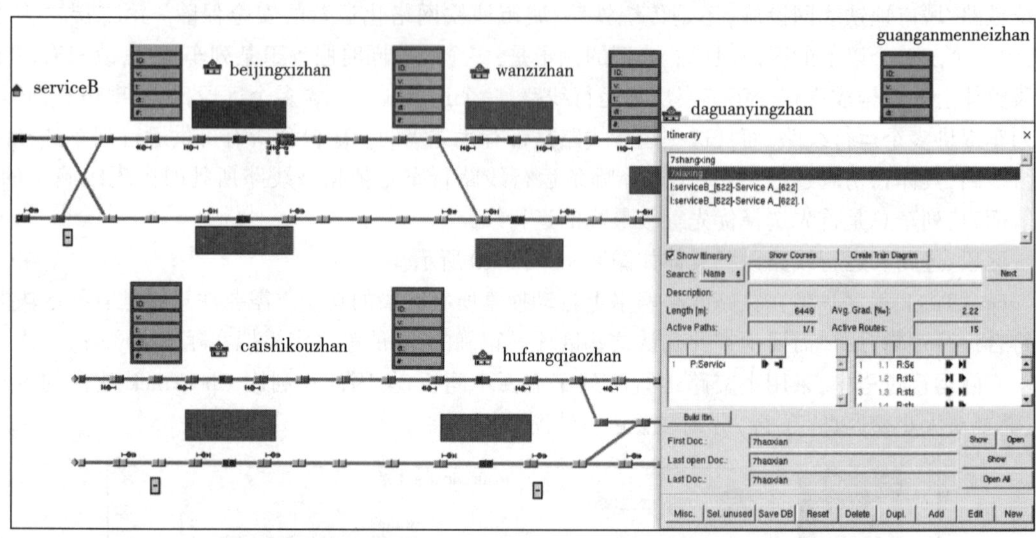

图 8-10　运行线路设置

8.2.3　列车相关参数设置

根据前期调研 7 号线地铁数据,7 号线采用 8 节编组 6 动 2 拖 B 型地铁车辆,详细参数参见 8.1.3 节。OpenTrack 可以设置列车的编组方式及编组顺序,由于 7 号线采用的是 Tc+M+M+M+M+M+M+Tc(六动二拖)的编组方式,因此在 Trains 对话框中首先设置拖车参数,然后选择已设置的动车,设置相关的重量、车长参数,如图 8-11 和图 8-12 所示。

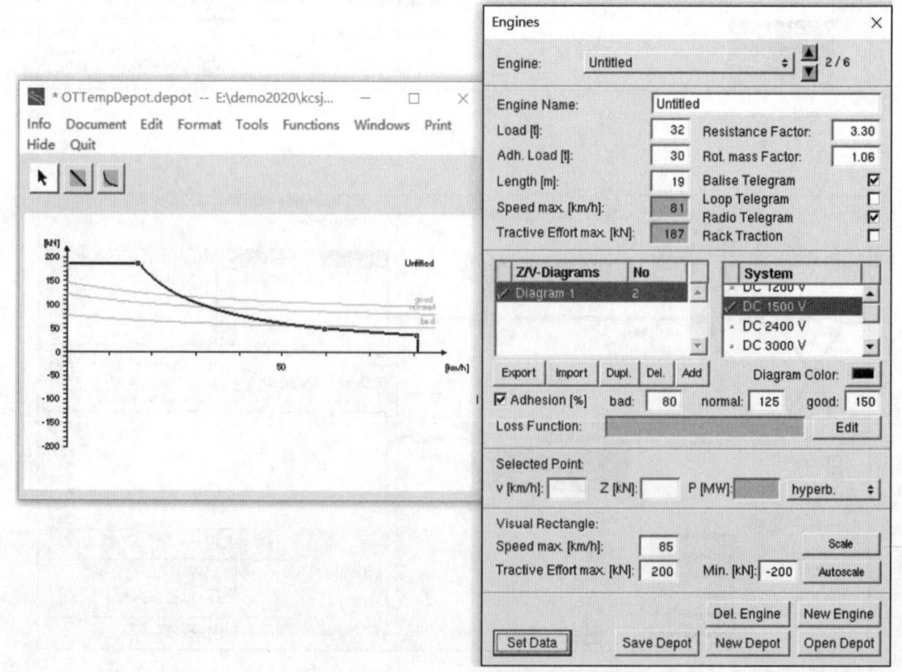

图 8-11　动车牵引力及相关参数设置

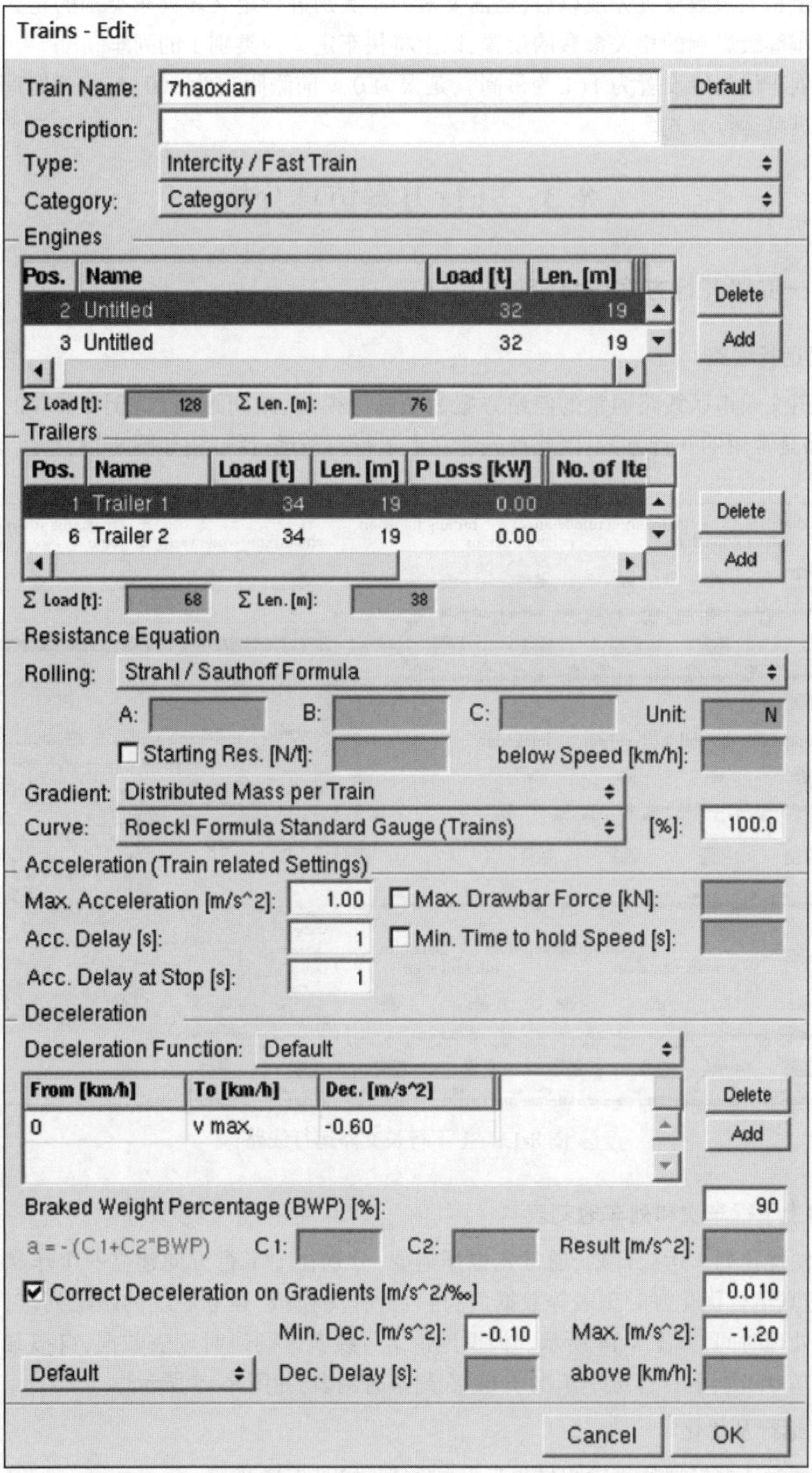

Trains - Edit

Train Name: 7haoxian　Default

Description:

Type: Intercity / Fast Train

Category: Category 1

Engines

Pos.	Name	Load [t]	Len. [m]
2	Untitled	32	19
3	Untitled	32	19

Delete　Add

Σ Load [t]: 128　Σ Len. [m]: 76

Trailers

Pos.	Name	Load [t]	Len. [m]	P Loss [kW]	No. of Ite
1	Trailer 1	34	19	0.00	
6	Trailer 2	34	19	0.00	

Delete　Add

Σ Load [t]: 68　Σ Len. [m]: 38

Resistance Equation

Rolling: Strahl / Sauthoff Formula

A:　B:　C:　Unit: N

☐ Starting Res. [N/t]:　below Speed [km/h]:

Gradient: Distributed Mass per Train

Curve: Roeckl Formula Standard Gauge (Trains)　[%]: 100.0

Acceleration (Train related Settings)

Max. Acceleration [m/s^2]: 1.00　☐ Max. Drawbar Force [kN]:

Acc. Delay [s]: 1　☐ Min. Time to hold Speed [s]:

Acc. Delay at Stop [s]: 1

Deceleration

Deceleration Function: Default

From [km/h]	To [km/h]	Dec. [m/s^2]
0	v max.	-0.60

Delete　Add

Braked Weight Percentage (BWP) [%]: 90

a = - (C1+C2*BWP)　C1:　C2:　Result [m/s^2]:

☑ Correct Deceleration on Gradients [m/s^2/‰] 0.010

Min. Dec. [m/s^2]: -0.10　Max. [m/s^2]: -1.20

Default　Dec. Delay [s]:　above [km/h]:

Cancel　OK

图 8-12　列车编组方式设置

列车编组相关参数设置完成以后,还需要对列车类别进行定义。列车类别的定义包含列车等级以及由列车等级影响的相关参数的设置,以上将快车定义为类别 1 的列车。

在此将列车优先级设置为 1(1 为最高),延误为 0 s,前瞻距离为 500 m,前瞻时间为 120 s,采用进攻式的进路运行方式。

8.3 开行方案仿真分析

8.3.1 单一交路开行方案仿真分析

1. 创建运行线路

城市轨道交通市区线路通常的停站方案为站站停模式,站间距通常较小,乘客的乘间距也较小,单一交路是常用的开行方案,因此首先建立上下行两条运行线路,如图 8-13 所示。

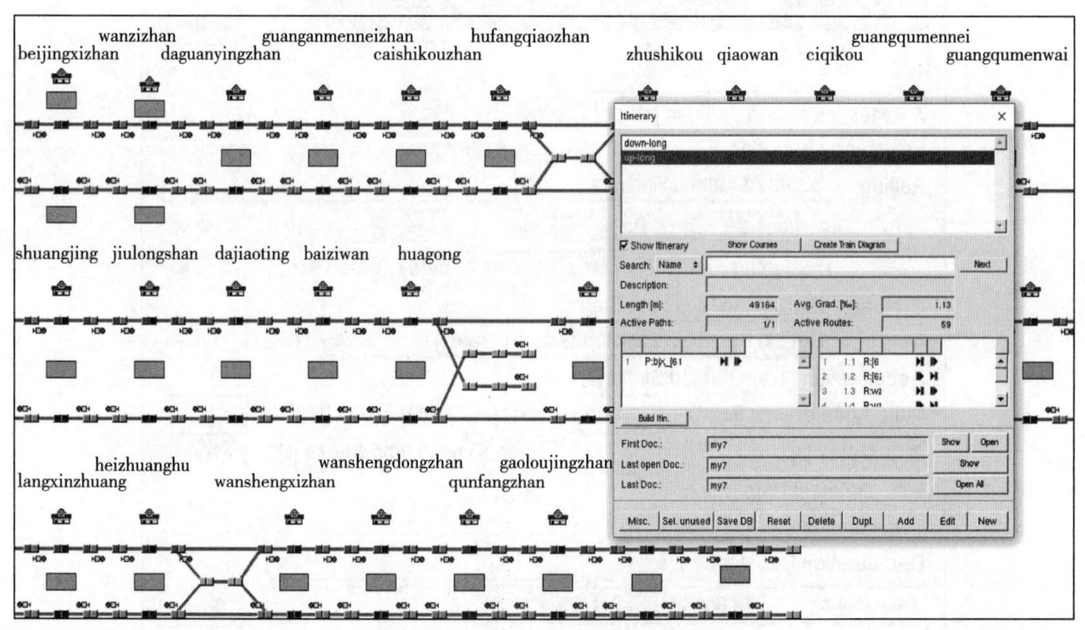

图 8-13 上下行长交路运行线路

2. 创建上下行车次和列车时刻表

为了方便优化列车运行计划,通常先根据需要,分别在上下行方向建立一个车次和对应的计划时刻表,仿真运行优化好时刻表等数据后,再以此作为模板,建立后继的跟踪列车,可以大幅减少仿真分析处理时间,如图 8-14 所示。根据地铁 7 号线实地调研时刻表数据,自拟某工作日下行首班车车次 7001 次、上行首班车车次 7002 次列车时刻表,如图 8-15 所示。

3. 仿真运行及优化

打开仿真对话框设置仿真输出结果后开始仿真,如图 8-16 所示。

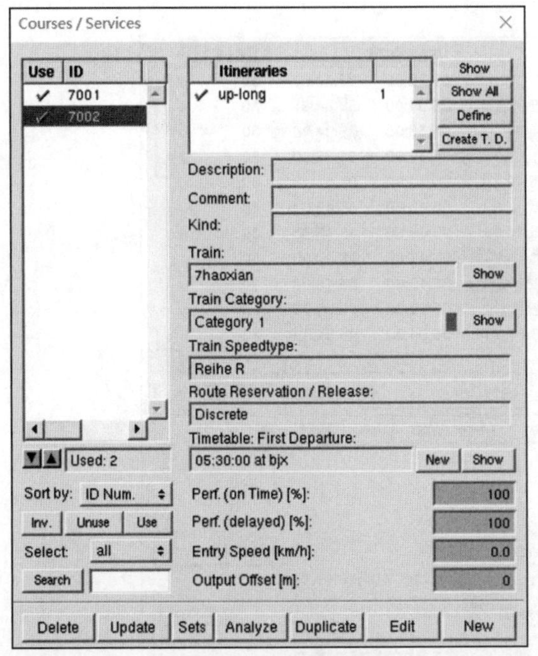

图 8-14 上下行车次

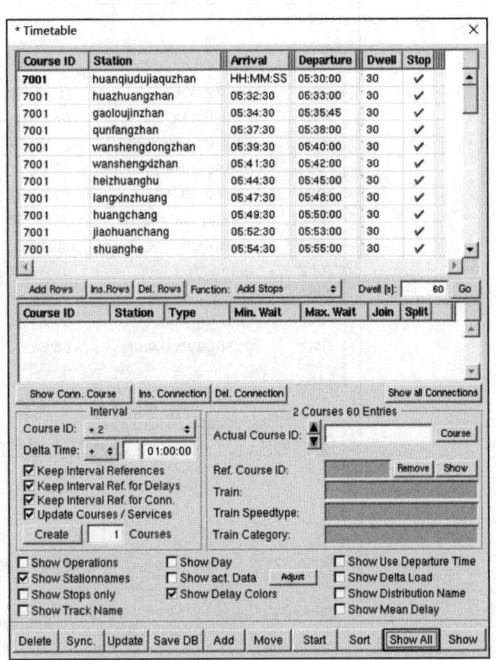

图 8-15 列车时刻表

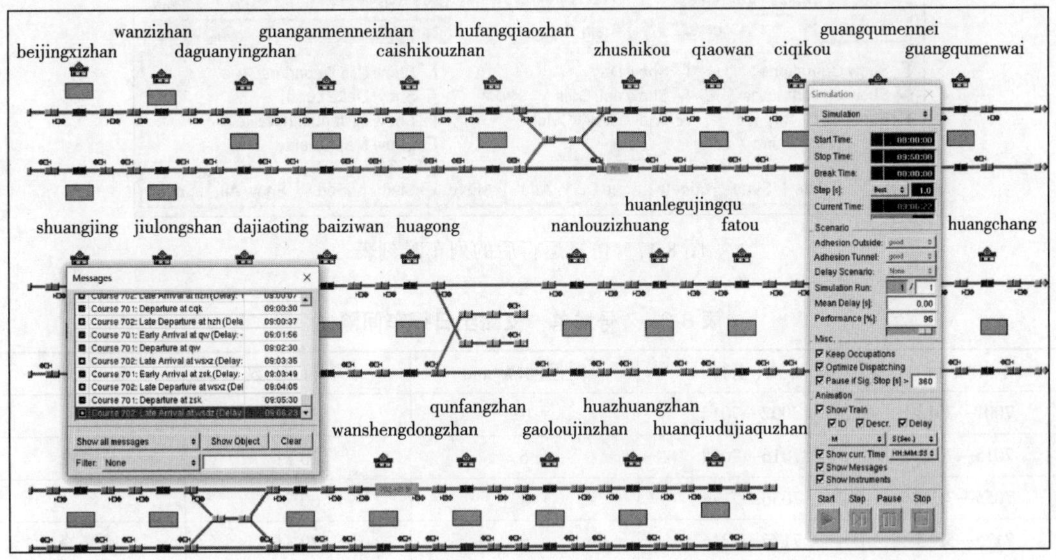

图 8-16 仿真运行

仿真运行后，可以先对列车时刻表进行优化，打开时刻表对话框，选中 Show act Data 复选框，可以在时刻表中显示列车仿真运行时的实际到站和离站时间，并用不同背景颜色显示，如图 8-17 所示。可以单击 Adjust 按钮调整计划时间，应用实际运行的时刻表进行数据优化。

以下行首班车 7001 次和上行首班车 7002 次时刻表为基准，按照 7 号线全日实际行车间隔，安排全日行车运行图，见表 8-2。

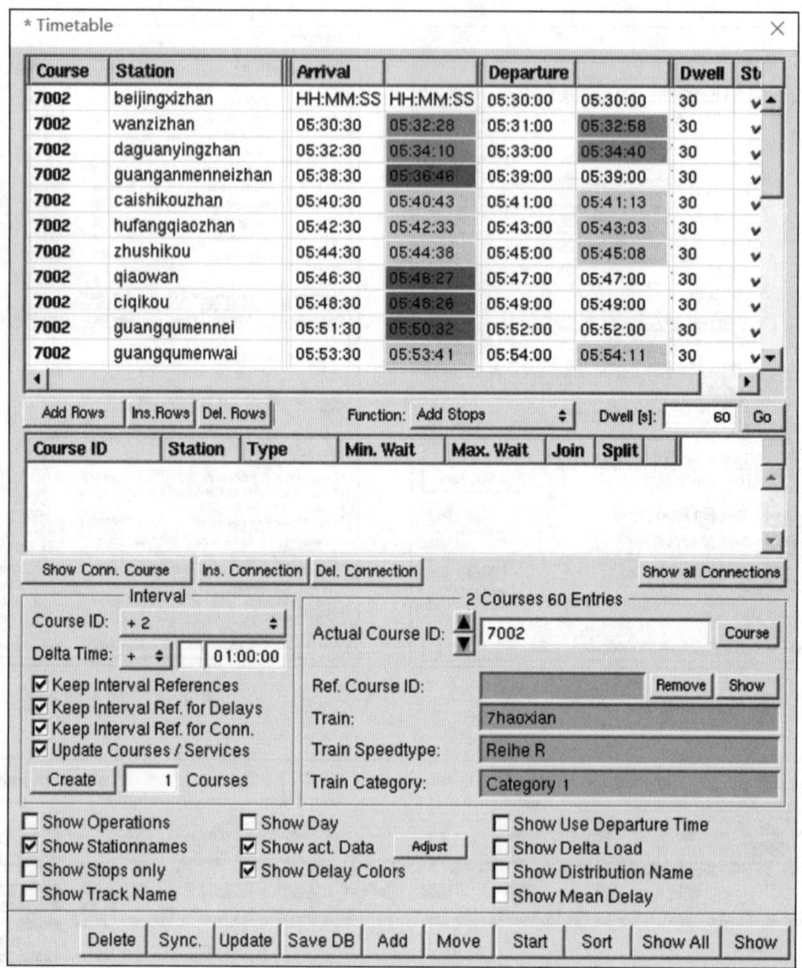

图 8-17 仿真运行后的列车时刻表

表 8-2 7 号线单一交路全日行车间隔

车次(下行)	车次(上行)	时间间隔/min	开行对数	备注
7001—7013	7002—7014	10	7 对	
7015—7053	7016—7054	6	20 对	早高峰
7055—7173	7056—7174	8	60 对	
7175—5213	7176—7214	6	20 对	晚高峰
7215—7253	7216—7254	8	20 对	
7255—7273	7256—7274	10	10 对	

在时刻表对话框中选择 7001 或 7002 作为模板，使用 Interval 功能，调整发车间隔 Delta Time，即可快速生成后续不同间隔的车次及时刻表，如图 8-18 所示。

仿真运行后的列车运行图如图 8-19 所示。根据列车仿真运行图或者实际运行的时刻表时间，可以调整原计划到站时间或出发时间，使得计划列车时刻表数据与实际列车运行数据更接近。

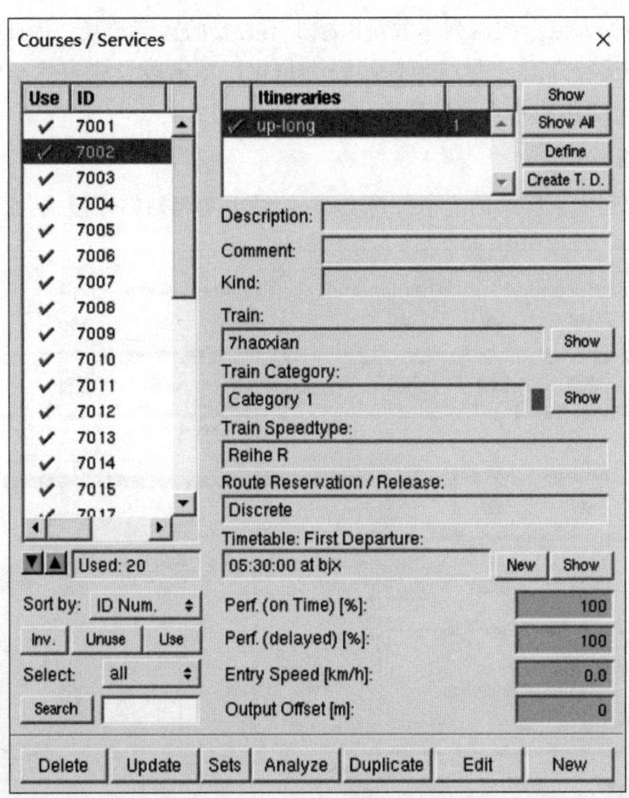

图 8-18　后继跟踪车次列表

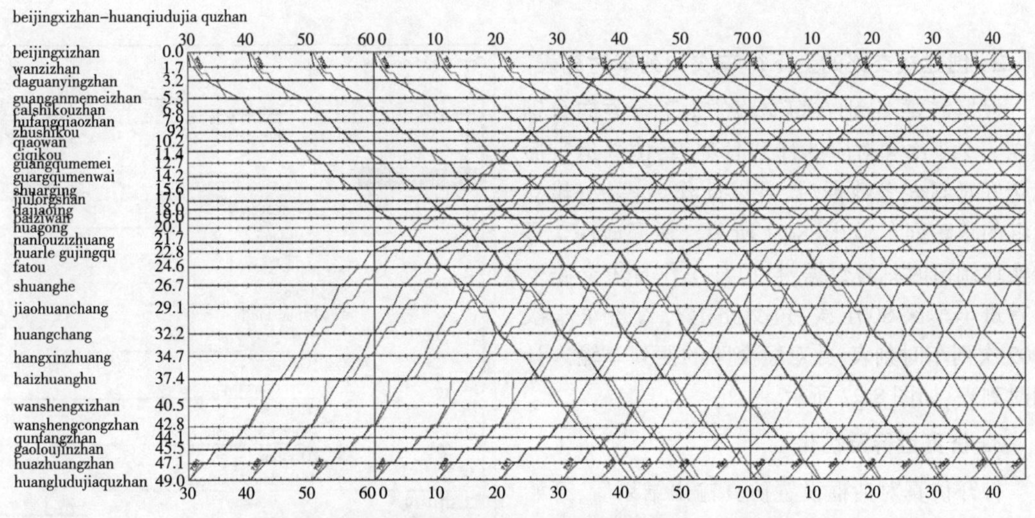

图 8-19　列车运行图(仿真运行时间 5:30—7:40)

8.3.2　大小交路运行方案仿真分析

地铁 7 号线途径丰台区、西城区、东城区、朝阳区、通州区等 5 个地区,穿越了人口稀疏的远郊六环外地区和人口密集的市中心地区。对于人口密集的地区应当增加列车数量减少发车间隔,对于人口稀疏的地区根据人流量控制列车数量以减少不必要的运营消耗。因此,大小交路的运行方案是一种合理有效的运行方案,7 号线地铁线设有焦化厂车辆段及张家湾车辆段,可以方便设计长短交路运行方案,短交路从北京西站到焦化厂站。

1. **创建运行线路**

创建从北京西站到焦化厂站的上下行短交路,停站方案为站站停模式,如图 8-20 所示。

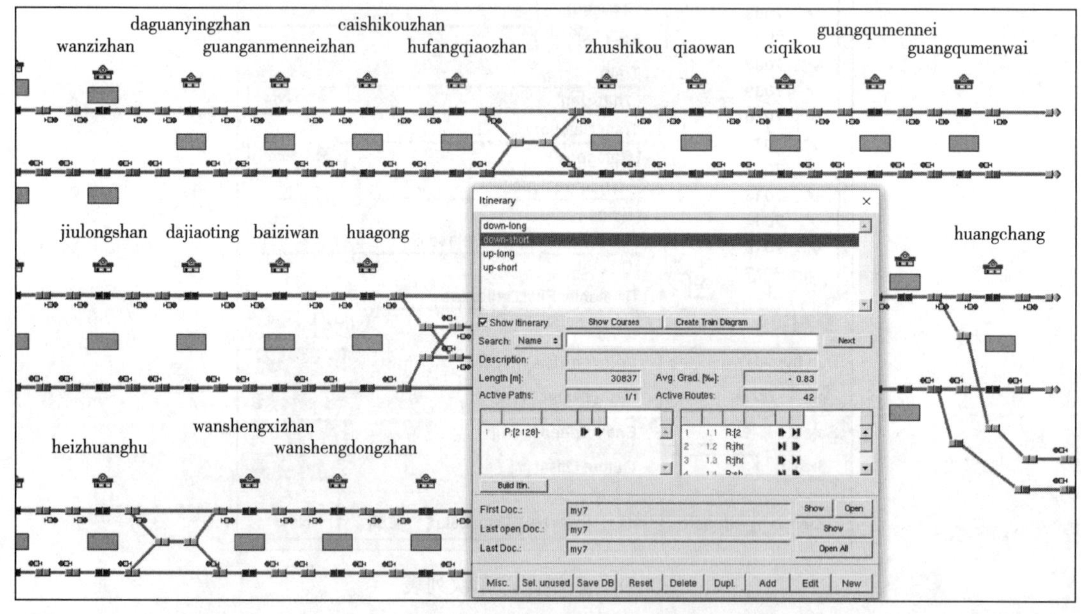

图 8-20　上下行长短交路运行线路

2. **创建短交路的上下行车次和列车时刻表**

根据需要,分别在短交路的上下行方向分别建立一个车次和对应的计划时刻表,仿真运行后优化好时刻表等数据后,再以此作为模板,建立后继的跟踪列车,如图 8-21 所示。根据地铁 7 号线实地调研时刻表数据,自拟某工作日短交路下行首班车车次 8001 次、短交路上行首班车车次 8002 次列车时刻表,并对短交路的两列车输入计划时刻表,如图 8-22 所示。

3. **仿真运行及优化**

打开仿真对话框设置仿真输出结果后,开始仿真运行,如图 8-23 所示。

仿真运行后,可以先对列车时刻表进行优化,继续调整列车计划时刻表,减小与实际运行时刻之间的误差,如图 8-24 所示。

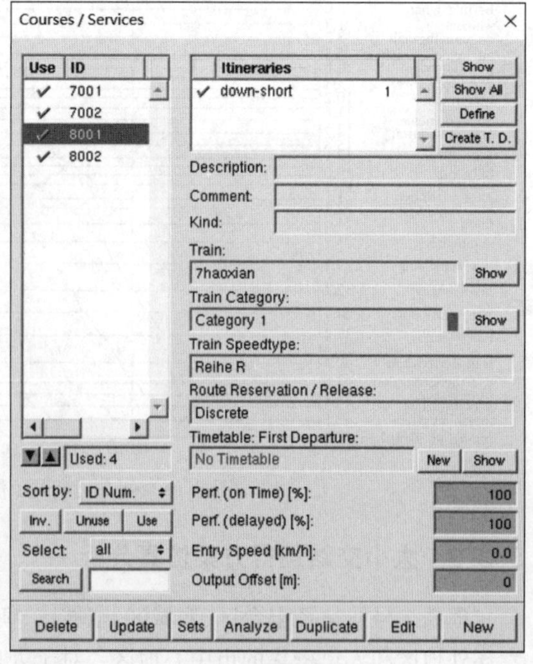

图 8-21　短交路上下行车次

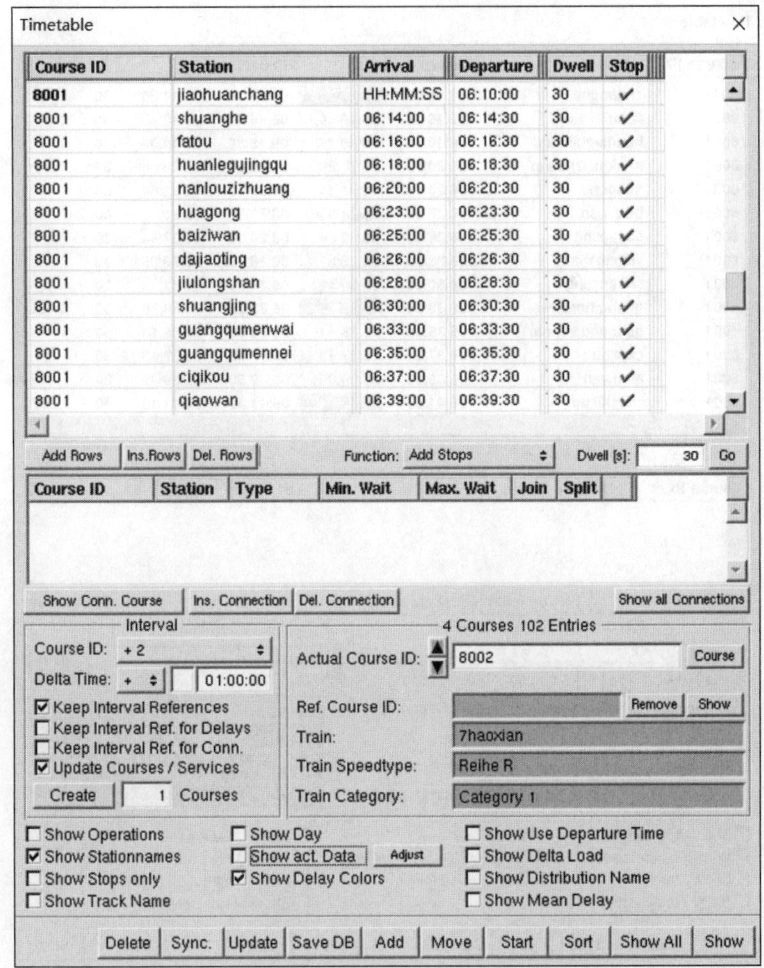

图 8-22 短交路列车时刻表

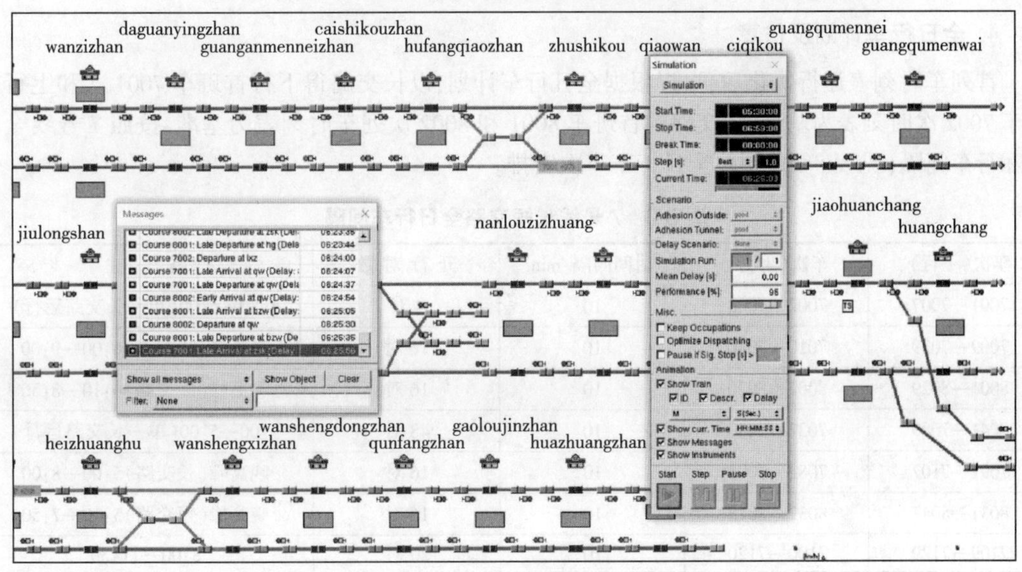

图 8-23 大小交路的仿真运行

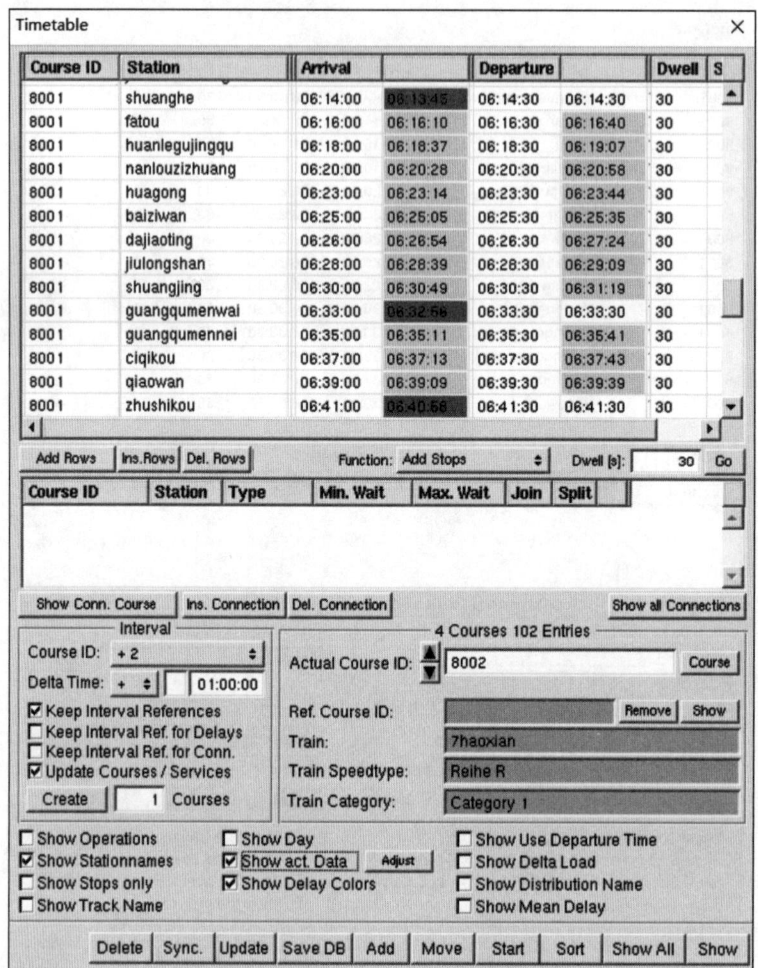

图 8-24　仿真运行优化后的列车时刻表

4. 全日行车计划及仿真

首列车时刻表运行优化后，可以根据全日行车计划，以长交路得下行首班车 7001 次和上行首班车 7002 次时刻表为基准、短交路的首班车 8001 和 8002 次列车时刻表为基准，按照 7 号线全日实际行车间隔（见表 8-3），创建全日行车车次安排。

表 8-3　7 号线长短交路全日行车间隔

车次（下行）	车次（上行）	时间间隔/min	开 行 对 数	备　注
7001—7007	7002—7008	10	4 对	5:30—6:00（单一长交路运行）
7009—7039	7010—7040	10	16 对	早高峰（长交路）6:00—9:00
8001—8029	8002—8030	10	16 对	早高峰（短交路）6:10—8:50
7041—7089	7032—7080	10	48 对	9:00—5:00（单一长交路运行）
7091—7107	7082—7098	10	16 对	晚高峰（长交路）5:00—8:00
8031—8047	8032—8048	10	16 对	晚高峰（短交路）5:10—7:50
7109—7129	7100—7120	10	20 对	8:00—11:30

在时刻表对话框中分别选择 7001、7002、8001、8002 作为模板，在列车时刻表下面的 Interval 框中(见图 8-25)，调整发车间隔 Delta Time，即可快速生成后续不同时间间隔的车次及时刻表。

仿真运行后的列车运行图如图 8-26 所示。根据列车仿真运行图或者实际运行的时刻表时间，可以调整原计划到站时间或出发时间，使得计划列车时刻表数据与实际列车运行数据更接近。

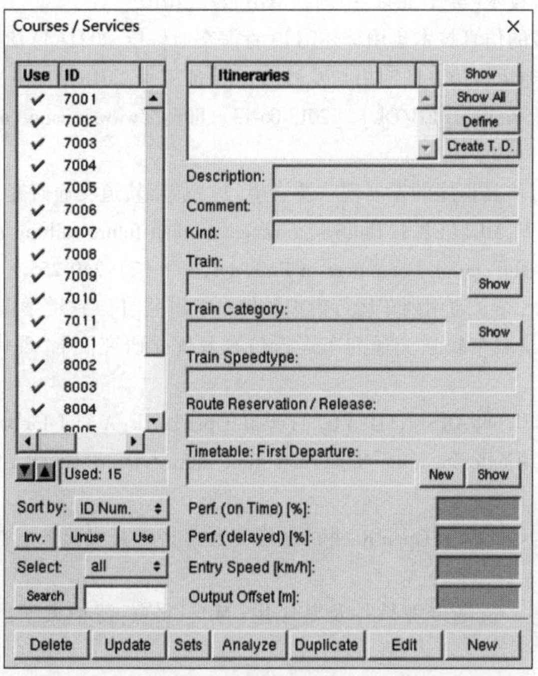

图 8-25 后继跟踪车次列表

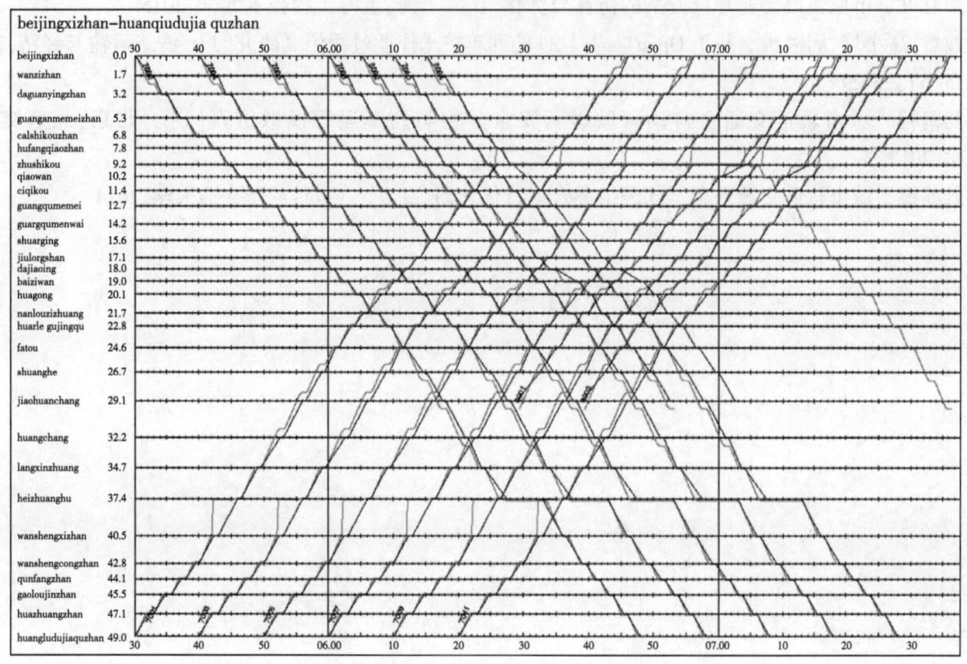

图 8-26 长短交路运行的列车运行图(仿真时间 5:30—8:00)

参 考 文 献

[1] 康熊. 铁路计算机仿真技术[M]. 北京:中国铁道出版社,2010.

[2] 李婷婷. 面向交通领域的仿真技术运用综述[J]. 青海交通科技,2021(4):8-12.

[3] 方惠惠,王春. 轨道交通运行仿真的应用与发展[J]. 价值工程,2018,37(31):239-242.

[4] TEAM R. Introduction of RailSim[EB/OL]. [2018-06-13]. http://www.railsim.com/modules/train-porformance-calculation.html.

[5] 谢蜀劲. 轨道交通运行仿真程序的发展现状及展望[J]. 城市轨道交通研究,2006(10):22-25.

[6] BENFELDT J P, MOHR U, MÜLLER L. RailSys, a system to plan future railway needs[J]. Proceedings of the Seventh International Conference on Computers in Railways,2000(7):249-255.

[7] 毛保华,何天键,袁振洲,等. 通用列车运行模拟软件系统研究[J]. 铁道学报,2000,22(1):1-6.

[8] 林诗悦,张祎. 中低运量城市轨道交通列车运行仿真及优化研究[J]. 现代城市轨道交通,2021(7):93-99.

[9] HARAMINA H, SCHÖBEL A, AKSENTIJEVIC J, et al. OpenTrack: A tool for simulation of railway networks [C]//4th International Conference on Road and Rail Infrastructure-CETRA 2016. Sibenik: University of Zagreb,2016:39-44.

[10] 高帆,朱海燕,谢世豪,等. 基于 OpentRack 的轨道交通运行仿真实验开发与设计[J]. 大学教育,2014(12):101-102.

[11] 王保山,丁勇,杜鹏,等. 交通专业软件及其应用[M]. 北京:清华大学出版社,北京交通大学出版社,2018.

[12] 张志明. 列车开行模式对车辆能耗影响的研究[D]. 上海:上海工程技术大学,2015.

[13] 梁君可. 市域轨道交通开行方案的仿真与优化[D]. 上海:上海工程技术大学,2015.

[14] 魏然,高小珣,周浪雅. 基于 OpenTrack 软件的列车技术作业过程仿真研究[J]. 铁路运输与经济,2013,35(5):25-29.

[15] 刘鹏翱. 城市轨道交通全自动驾驶运营安全分析与列车运行模拟仿真[D]. 北京:北京交通大学,2017.

[16] 景苏银. 城市轨道交通列车不同编组混合运行优化研究[D]. 兰州:兰州交通大学,2014.